Fundamentalismo, terrorismo,
religião e paz

Dados Internacionais de Catalogação na Publicação (CIP)
(Câmara Brasileira do Livro, SP, Brasil)

Boff, Leonardo
  Fundamentalismo, terrorismo, religião e paz :
desafio para o século XXI / Leonardo Boff. –
Petrópolis, RJ : Vozes, 2009.
  Bibliografia
  ISBN 978-85-326-3880-9
  1. Fundamentalismo – História
2. Fundamentalismo religioso 3. Integrismo 4. Paz
5. Terrorismo – Aspectos religiosos I. Título.

09-05333   CDD-200.9

Índices para catálogo sistemático:
1. Fundamentalismo religioso : Religião : História
  200.9

LEONARDO BOFF

Fundamentalismo, terrorismo, religião e paz

Desafio para o século XXI

Petrópolis

© by Animus / Anima Produções Ltda., 2009
Caixa Postal 92.144 – Itaipava
25750-970 Petrópolis, RJ

Direitos de publicação em língua portuguesa:
2009, Editora Vozes Ltda.
Rua Frei Luís, 100
25689-900 Petrópolis, RJ
Internet: http://www.vozes.com.br
Brasil

Assessoria Jurídica e Agenciamento Literário:
Cristiano Monteiro de Miranda
(21) 9385-5335
cristianomiranda@leonardoboff.com

Todos os direitos reservados. Nenhuma parte desta obra poderá ser reproduzida ou transmitida por qualquer forma e/ou quaisquer meios (eletrônico ou mecânico, incluindo fotocópia e gravação) ou arquivada em qualquer sistema ou banco de dados sem permissão escrita da Editora.

Diretor editorial
Frei Antônio Moser

Editores
Ana Paula Santos Matos
José Maria da Silva
Lídio Peretti
Marilac Loraine Oleniki

Secretário executivo
João Batista Kreuch

Editoração: Frei Gustavo Wayand Medella
Projeto gráfico: AG.SR Desenv. Gráfico
Capa: Adriana Miranda

ISBN 978-85-326-3880-9

Editado conforme o novo acordo ortográfico.

Este livro foi composto e impresso pela Editora Vozes Ltda.

Sumário

Introdução, 7

1. Como surgiu o fundamentalismo, 9

2. O fundamentalismo protestante, 11

3. O fundamentalismo católico, 15

4. O fundamentalismo islâmico, 23

5. O fundamentalismo da globalização, 31

6. O fundamentalismo neoliberal e científico-técnico, 37

7. Dois tipos de fundamentalismo político: de Bush e de Bin Laden, 40

8. Choque ou diálogo de civilizações?, 43

9. O que é, afinal, o fundamentalismo?, 49

10. Dois fundamentalistas: Bush e Bin Laden, 51

11. Como conviver com o fundamentalismo?, 56

12. São Francisco, patrono do diálogo com os muçulmanos, 62

13. O sufi islâmico Rumi, místico da paz e do amor, 65

14. Terrorismo: a guerra dos fundamentalistas, 69

15. A violência: desafio radical, 75

16. A construção continuada da paz, 81

17. Incorporar o espírito de gentileza, 86

18. Resgatar a dimensão do coração, 91

19. Que provável futuro nos espera?, 94

Conclusão – O próximo passo: capital espiritual, 98

Livros de Leonardo Boff, 103

Introdução

O contexto de terrorismo e de guerra que estamos vivendo nos inícios do século XXI faz circular como moeda corrente o termo fundamentalismo. Esta palavra se tornou chave explicativa e interpretativa de ações terroristas que ocorreram em diferentes regiões do mundo, especialmente naquelas onde predomina o islamismo. Acusa-se o fundamentalismo islâmico de ser o principal responsável pela Terça-feira Triste de 11 de setembro de 2001, com o nefasto atentado aos ícones do poder norte-americano e da cultura capitalista dominante: as Torres Gêmeas, em Nova York, e o Pentágono, em Washington.

Do lado dos muçulmanos ouviram-se discursos que traziam todas as características do fundamentalismo, e que foram revidados pelas autoridades civis e militares norte-americanas com igual teor fundamentalista. No ar, fica a pergunta: Inauguramos uma guerra de fundamentalismos?

Nossa reflexão pretende apresentar esclarecimentos sobre este tema tão polêmico. Na verdade, o termo fundamentalismo tornou-se palavra de acusação dirigida sempre ao outro. Para si mesmo prefere-se o termo radicalismo, seja religioso, político ou econômico. Este trabalho, portanto, quer ir às raízes das questões e compreendê-las para atacá-las a partir daí, apresentando uma proposta claramente positiva.

Paulo Freire nos ensinou a distinguir radicalismo (processo de ir à raiz das questões) de sectarismo, que se define como a inflação de um setor da realidade, ou de um aspecto da compreensão, em detrimento do todo.

Mas não sejamos ingênuos, pois os fundamentalismos estão aí com grande ferocidade. Eles não podem ficar escondidos atrás de belas expressões. Vamos tentar, então, esclarecer o que seja fundamentalismo, sua relação com o processo de globalização vigente e o risco que ele representa para a pacífica convivência humana e para o futuro da humanidade.

1
Como surgiu o fundamentalismo

O nicho do fundamentalismo se encontra no protestantismo norte-americano, especialmente entre os *Pilgrims* que vieram da Holanda e da Inglaterra, expulsos em 1620 por exigirem reforma no cristianismo, e acabaram sendo os pais da pátria norte-americana. No final do século XIX, ele ressurgiu de forma mais organizada quando um grupo de pastores de várias denominações publicou, entre 1890 e 1915, uma pequena coleção de 12 fascículos teológicos que formavam a série *Fundamentals: a testimony of the truth* (Os Fundamentos: um testemunho da verdade). Estes fascículos tratavam sobre pontos que, segundo os autores, seriam fundamentais para a fé cristã e eram explicitamente contra o liberalismo.

A sociedade norte-americana estava passando por aceleradas mudanças e a crescente urbanização trazia consigo o processo de secularização. Ou seja, as igrejas já não eram mais o principal fator de agregação nem no campo nem nas pequenas cidades. Os fiéis agora eram orientados pela lógica das coisas do século (secularização), regida pela autonomia da razão e do espírito democrático. As igrejas continuam importantes, mas assumem a esfera do privado.

Os *Fundamentals* apresentavam a proposta de um cristianismo extremamente rigoroso, ortodoxo e dogmático, que servia como orientação aos fiéis diante da avalanche de secularização e modernização que invadia toda a sociedade norte-americana. Eles não iam contra a modernização tecnológica, mas combatiam o liberalismo, novo espírito que proclamava a liberdade de opinião, de religião e outras liberdades e que foi condenado duramente pelos papas a partir dos meados do século XIX. Para os fundamentalistas, tais movimentos punham em risco a segurança e a tranquilidade de espírito que a fé cristã sempre oferecera. Importava condená-los.

2
O fundamentalismo protestante

O fundamentalismo protestante ganhou sua forma clássica a partir do trabalho de teólogos e pregadores que atuavam dentro da Universidade de Princeton. Estes tomavam as palavras da Bíblia ao pé da letra (para a fé protestante o fundamento de tudo é a Bíblia). Cada palavra, cada sílaba e cada vírgula, dizem os fundamentalistas, é inspirada por Deus. Como Deus não pode errar, então tudo na Bíblia é verdadeiro e sem qualquer erro. Como Deus é imutável, sua Palavra e suas sentenças também o são. Valem para sempre.

Em nome deste literalismo, estes fiéis opunham-se às interpretações da assim chamada Teologia Liberal, que usava, e usa ainda hoje, os métodos histórico-críticos e hermenêuticos para interpretar textos escritos milhares de anos atrás. Segundo estes métodos, a história e as palavras não ficam congeladas no passado, mas mudam de sentido ou ganham novas ressonâncias de acordo com a mudança dos contextos históricos. Por isso precisam ser interpretadas para terem resgatado seu sentido original. Na concepção dos fundamentalistas, este procedimento, considerado natural pelo simples bom-senso, é ofensivo a Deus.

Em 1919 foi criada a *World's Christian Fundamentals Association*, que assumiu a visão daquela série de escritos fundacionais (*Fundamentals*) e os transformou em critérios da verdade do cristianismo. O movimento tornou-se popular e forte, produzindo cisões em todas as denominações protestantes, como os metodistas, os batistas, os presbiterianos, entre outros. Desta forma, em todas as igrejas passaram a existir grupos articulados de tendência fundamentalista, que às vezes ganhavam hegemonia dentro das denominações.

Por razões semelhantes, os fundamentalistas se opõem também aos conhecimentos contemporâneos da História, da Geografia e das Ciências, especialmente da Biologia, que possam questionar a verdade bíblica. Em muitas escolas no sul dos Estados Unidos, onde predomina este tipo de fundamentalismo, impõe-se até hoje o criacionismo estrito e se rejeita a concepção evolucionista do mundo e da vida.

Para o fundamentalista, a criação se realizou mesmo em sete dias, o ser humano foi feito literalmente de barro e Eva foi tirada da costela de Adão. Para eles, o preceito "Crescei e multiplicai-vos, enchei e subjugai a Terra, dominai sobre os peixes do mar, sobre as aves do céu, sobre tudo o que vive e se move sobre a Terra" (Gn 1,28-29) deve ser tomado estritamente ao pé da letra, mesmo que esta dominação antropocêntrica venha a pôr em risco a biosfera. Defendem também que só Jesus é o caminho, a verdade e a vida, o único e suficiente salvador. Fora dele não há salvação por nenhum outro caminho religioso.

Deste rigorismo deriva o caráter militante e missionário de todo fundamentalista. Para ele, os demais caminhos espirituais estão no erro, e daí decorre a sua intolerância. Na moral, o fundamentalista é especialmente inflexível, particularmente no que concerne à sexualidade e à família. É contra os homossexuais, o movimento feminista e todos os processos libertários em geral. Na economia é monetarista e conservador e, na política, sempre exalta a ordem, a disciplina e a segurança a qualquer custo.

O fundamentalismo protestante ganhou relevância social nos Estados Unidos a partir dos anos 50 do século XX com as *Igrejas eletrônicas*. Pregadores nacionalmente famosos começaram a usar o rádio e a televisão em cadeia, de costa a costa, para suas pregações e campanhas conservadoras. O mesmo ocorreu mais tarde nas igrejas pentecostais fundamentalistas na América Latina, grande parte delas de origem norte-americana.

No governo do Presidente Ronald Reagan, os *neocon* tiveram atuação política determinante ao favorecerem medidas restritivas em muitos campos da vida pública, particularmente com referência aos imigrantes e à assistência aos pobres. Eles combatem abertamente o Conselho Mundial de Igrejas (entidade com sede em Genebra, que reúne mais de duas centenas de denominações cristãs) e todo tipo de ecumenismo, tidos como invenção do diabo.

Naturalmente nem todos os protestantes conservadores são fundamentalistas. A maioria deles incorporou os avanços na interpretação das Escrituras e não apresenta postura biblicista. Lutero já afirmava: A Bíblia toda tem a Deus como autor, mas suas sentenças devem ser julgadas a partir de Cristo. Ele é a Palavra feita carne. A Palavra feita carne é critério para a Palavra feita livro.

Os católicos, mesmo os mais ortodoxos, afirmam com o Concílio Vaticano II: A Bíblia é inspirada e inerrante só com referência às verdades importantes para nossa salvação. Ela não pretende ser inerrante nos campos da História, da Geografia e da Biologia.

Ela é a Palavra de Deus, mas está expressa nas muitas palavras humanas que variam de autor para autor. Assim, as palavras e o estilo dos livros do *Levítico* ou dos *Números*, com todas as suas prescrições rituais e listas de genealogias, pouco ou nada têm a ver com as palavras e a poesia lírico-erótica do livro do *Cântico dos Cânticos*, que é uma corajosa exaltação do amor entre um homem e uma mulher. No entanto, os três livros estão na Bíblia e, portanto, são igualmente inspirados.

Os conteúdos e os estilos são diferentes e esta diferença só pode ser entendida na pressuposição de que os autores e suas condições históricas eram diferentes. Sem respeitar e compreender esta diversidade, corremos o risco de não entender a mensagem bíblica.

3
O fundamentalismo católico

O fundamentalismo católico (e de todo cristianismo de modo geral) tem raízes profundas e muito antigas. Apoia-se na convicção de ser o único portador da verdade absoluta. Portanto, julga-se no direito e no dever de levar esta verdade a todo o mundo, porque todos os demais estão privados dela e são vítimas das artimanhas de satanás. No tempo da colonização ibérica, a verdade fundamentalista ganhou a forma de imposição e teve como consequência a destruição das Índias, o etnocídio de grande parte das populações originárias e de suas grandes culturas no México, na América Central e Caribe, no Peru e em outros territórios sul-americanos.

Os papas sentiam-se representantes de Deus e por isso senhores do mundo. Distribuíam favores a reis e príncipes com arrogância e fundamentalismo que até hoje nos surpreendem.

Como se trata de um fato que concerne diretamente à América Latina, convém citar dois exemplos deste tipo de identificação entre o poder religioso e o poder político.

O Papa Alexandre VI (1492-1503), pela bula *Inter Caetera*, dirigida aos reis de Espanha, determinava: "Pela autoridade do Deus todo-poderoso a nós concedida em São Pedro, assim como do vicariato de Jesus Cristo, vos doamos, concedemos e entregamos com todos os seus domínios, cidades, fortalezas, lugares e vilas, as ilhas e as terras firmes achadas e por achar".

O Papa Nicolau V (1447-1455), pela bula *Romanus Pontifex*, concedia semelhante privilégio aos reis de Portugal, dando a eles "a faculdade plena e livre para invadir, conquistar, combater, vencer e submeter a quaisquer sarracenos e pagãos em qualquer parte que estiverem e reduzir à servidão perpétua as pessoas dos mesmos".

O que se afirmava era exatamente isso: "Há somente um Deus, um papa, um rei, uma cultura e uma ordem mundial querida por Deus". Em consequência desta concepção, pensava-se que fora da Igreja não haveria salvação, fora do Ocidente não haveria cultura e que fora daquela única verdade haveria somente o erro e a falsidade. Este fundamentalismo era apoiado pelos poderes políticos e religiosos, pelas armas e pelo comércio.

Ainda hoje há dentro do catolicismo setores que prolongam, embora de forma mais sutil, o antigo fundamentalismo, disfarçado sob os nomes de restauração e de integrismo. Procura-se restaurar a antiga ordem, fundada no casamento entre o trono e o altar, entre o poder político e o poder clerical. Visa-se uma integração de todos os elementos da sociedade e da história sob a hegemonia do poder espiritual representado, interpretado e proposto pela Igreja Católica (por seu corpo hierárquico encabeçado pelo papa). O inimigo a combater é a Modernidade, com suas liberdades, sua independência face ao poder religioso e seu processo de secularização.

Nos últimos tempos se estabeleceu uma santa aliança de combate ao chamado relativismo moderno. Em oposição ao relativismo está o absolutismo, que também representa um desvio, pois pretende situar-se fora do tempo e do espaço, das mutações culturais e das mudanças de mentalidade. Geralmente, a própria verdade relativa ao grupo que a propõe é apresentada como absoluta, e as demais são rebaixadas como negativamente relativas.

Neste contexto cabe recordar a conhecida frase do grande poeta espanhol Antônio Machado: "Não a tua verdade; mas a verdade; a tua guarde-a; vamos juntos buscar a verdade plena". Isto significa que todos, de alguma forma, estão sob o arco da verdade. Considerar que os seres humanos só pensam o erro e a mentira seria blasfemar o Espírito Santo. Sendo todos portadores de alguma verdade, devemos juntos crescer para um conhecimento cada vez maior e mais participativo da verdade completa, que é um bem escatológico e um privilégio de Deus.

Os grupos da restauração e do integrismo vivem um duplo fundamentalismo: um doutrinal e outro ético-moral.

O fundamentalismo doutrinal é bem representado pela encíclica *Mirari vos* (1832), de Gregório XVI, que considera a liberdade de opinião como "erro pestilentíssimo", e pelo famoso *Sílabo* de Pio IX (1864), onde se condenam praticamente todas as liberdades modernas, de religião, de pensamento, de estilo de vida, de forma de organização social.

Ressaibos de fundamentalismo, como foi notado por inúmeros teólogos, podem ser encontrados no documento *Dominus Jesus*, do ano 2000, assinado pelo então Cardeal Joseph Ratzinger, Prefeito da Congregação para a Doutrina da Fé, a antiga Inquisição. Este escrito aborda a relação de Cristo e da Igreja com as demais Igrejas e religiões e sustenta que a Igreja Católica é, com exclusividade, a única Igreja de Cristo.

Ainda segundo o documento, as demais denominações cristãs não são Igreja, mas possuem apenas elementos eclesiais. A Igreja Católica permanece também como a única religião verdadeira, fora da qual todos correm risco de perdição. As demais religiões por si não salvam, são imperfeitas e precisam ser completadas pela mensagem cristã. Tais afirmações nos remetem ao mundo medieval no qual Igreja e mundo formavam uma única realidade. Os que estavam fora dos limites cristãos simplesmente eram desconsiderados e tidos como presa de satanás.

Este restauracionismo de cunho fundamentalista ganhou expressão em 2007, quando foi reintroduzida a missa em latim, do rito do *Missal do Papa Pio V* (1570), e em 2008, com a suspensão da excomunhão de todos os bispos cismáticos da linha de Lefebvre, por parte do Papa Bento XVI, o que tem causado perplexidade em muitos cristãos e até protestos de conferências episcopais, como a alemã e a francesa.

A centralização patriarcal do poder sagrado apenas nas mãos do clero, o pleno e absoluto poder conferido pelo direito canônico ao papa, a discriminação das mulheres com referência ao sacerdócio e aos cargos de direção na comunidade eclesial, pelo simples fato de serem mulheres, o rebaixamento dos leigos, por não serem portadores de nenhum poder sacramental, são resquícios de fundamentalismo católico presentes até em altas esferas do governo central da Igreja em Roma.

Porém, a forma mais velhista de fundamentalismo foi encarnada pelo arcebispo suíço Marcel Lefebvre, entre os anos 70 e 80, com seus seguidores no Brasil: Dom Siguaud, de Diamantina – MG, e Dom Castro Meyer, de Campos – RJ. Lefebvre fundou sua Igreja paralela, considerada a única fiel detentora da Tradição e da fé verdadeiras, denunciando a Igreja de Roma, saída do Concílio Vaticano II, como traidora e infiel.

Características fundamentalistas se encontram também em setores importantes do pentecostalismo católico, criativo nos símbolos e nas celebrações, mas conservador e pobre em termos doutrinais. Estes movimentos detêm canais de televisão e muitas rádios locais onde apresentam sua versão da mensagem cristã, geralmente carregada de emocionalismo que substitui a preocupação com os conteúdos essenciais do Evangelho. Geralmente seus membros são pouco sensíveis às questões da justiça, dos pobres, dos sem-terra e sem-teto. Silenciam tudo o que tem a ver com a Igreja das Comunidades Eclesiais de Base, com a leitura popular da Bíblia, com as pastorais sociais e com a Teologia da Libertação.

Estamos diante de uma evangelização insuficiente. Se tomarmos como referência o Pai-nosso, um resumo da mensagem de Jesus na opinião de grande número de exegetas, então podemos dizer: eles são fortes em clamar e proclamar a Deus como "Pai nosso", pois cantam e dançam diante dele, mas são fracos em dizer o "pão nosso de cada dia", porque não o cobram para todos os seres humanos e para os famintos. Só quem articula o "Pai nosso" com o "pão nosso" pode dizer "amém" e garantir uma evangelização integradora e fiel às origens jesuânicas e apostólicas.

A segunda vertente do fundamentalismo católico representado por alguns grupos é referente à moral e aos costumes. Apresenta-se por vezes tão rígido que causa perplexidade e até escândalo nos fiéis. Como exemplo basta lembrar a doutrina contra os contraceptivos, os preservativos, a fecundação artificial, a interrupção da gravidez, que prega a pecaminosidade da masturbação e o homossexualismo, a proibição de segundas núpcias após um divórcio ou da eutanásia e do testamento biológico.

Para defender suas teses em foros mundiais como a *Conferência sobre a população mundial*, no Cairo (1994), e a *Conferência mundial da mulher*, em Pequim (1995), os representantes do Vaticano não vacilaram em se aliar às forças mais reacionárias e xiitas do islamismo e dos Estados autoritários do Ocidente.

Já antes o Vaticano havia sido um dos poucos Estados que não referendaram a *Carta dos Direitos Humanos* da ONU (1948) porque em sua introdução não constava o nome de Deus. Pior ainda: sabotou a distribuição dos belíssimos cartões natalinos da Unicef em benefício das crianças pobres e suspendeu sua contribuição para a obra da *Ajuda à infância* da Unesco por causa da recomendação destes organismos para que as mulheres refugiadas usassem preservativos anticoncepcionais.

Expressão de fundamentalismo também é a forma como setores oficiais enfrentam a difícil questão das doenças sexualmente transmissíveis e da Aids. A proibição de preservativos, especialmente na África, onde a Aids provocou uma verdadeira devastação populacional em alguns países, ganha ares de irresponsabilidade e de desumanidade.

No caso destas doenças e da Aids, há basicamente duas formas de prevenção: a abstenção completa ou o uso de preservativos, que protegem em 90% dos casos, mas deixam 10% sob risco. Ocorre que o rigorismo católico veta o uso de preservativos até em centros de acolhida de meninos e meninas de rua, que vivem notoriamente em grande promiscuidade. Segundo dados recentes de Daniel Souza, filho do querido ator social Betinho, no Brasil, 40% dos jovens com a idade de 15 anos, 60% até 19 anos e 92,3% até 24 anos têm vida sexual ativa.

O que dizer a esses jovens? Que se abstenham de vida sexual até o casamento, mesmo sabendo que eles vivem em uma sociedade que não oferece nenhum reforço moral diante da excessiva erotização da mídia e da cultura dominante? Que não usem preservativos e se usarem "imoralmente" correm risco de contaminação em pelo menos 10% dos casos? Não é irresponsável pregar semelhante moral? Comenta Daniel Souza com razão: "É mais fácil um camelo passar por um buraco de agulha do que estes 92,3% de jovens praticarem a abstinência sexual até o casamento... A meu ver, a Igreja Católica deveria celebrar e preservar o bem maior que Deus nos deu, a vida, em vez de receitar a morte".

Como se depreende, o fundamentalismo cega estes setores cristãos para o óbvio e para a mensagem central do cristianismo, que é promover a vida e vida em abundância. A vida é sacrificada em nome de normas e doutrinas inflexíveis. As doutrinas e normas possuem seu sentido, mas devem ter sempre o objetivo de servir à vida e preservar a saúde dos seres humanos.

4

O fundamentalismo islâmico

O fundamentalismo islâmico é o que mais visibilidade ganhou nos meios de comunicação, além de provocar acaloradas discussões e suscitar preocupações políticas no mundo inteiro.Detenhamo-nos um pouco sobre ele.

Como já se sabe, o islamismo foi a última grande religião a surgir e nasceu no século VII – Maomé nasceu por volta de 570 e morreu em 632 de nossa era – estendendo-se do Marrocos até a Indonésia, incluindo a Turquia, partes da África Negra, da Rússia e da China. É a religião que mais cresce no mundo e tem hoje cerca de 1,2 bilhão de adeptos. Se sua expansão continuar no ritmo em que se encontra, muitos creem que dentro de alguns anos o islamismo será a religião mais numerosa da humanidade.

Por ser posterior ao cristianismo e ao judaísmo, entende-se como a síntese superior de ambos, seu necessário corretivo e aperfeiçoamento. Trata-se de uma religião extremamente simples – o que explica em parte sua divulgação – sustentada por cinco pilastras:

- A oração ritual, cinco vezes ao dia, feita na direção de Meca.

- Peregrinação a Meca uma vez na vida.

- Jejuar do nascer ao pôr do sol durante o Ramadã, o nono mês lunar.

- Dar esmola como forma de partilha e de agradecimento a Deus, doador de todos os bens.

- Professar que Alá é o único Deus e Maomé o seu Profeta.

Categoria importante, a um tempo religiosa e política, é a *umma*, que significa a comunidade unida para além de todas as diferenças de tradições e ritos. No Alcorão está claramente dito: "Os professantes são todos irmãos e todos os povos formam uma só nação". Só esta afirmação constitui uma contribuição civilizatória importante contra o secularismo e individualismo da cultura ocidental globalizada.

O Alcorão (*Coran* significa *ler, recitar,* e por isso a palavra que deve ser sempre lida e recitada em voz alta) é considerado como a revelação verbal e última dada por Deus, em árabe, ao seu povo. Ele é até mais importante que seu intermediário, o Profeta Maomé, que recebeu sua mensagem através do anjo Gabriel. Se os cristãos professam que Deus se fez homem, os muçulmanos dizem que Deus se fez livro. O alcorão se divide em 114 capítulos (*suras*), distribuídos em duas grandes partes que correspondem às duas fases de atuação do Profeta: a fase de Meca (610-622) e a fase de Medina (622-632).

A fase de Meca contém textos mais curtos e trata fundamentalmente da doutrina, do único Deus, da moral, do juízo, do inferno e do paraíso. Aqui se revela um grande respeito por Moisés, pelos profetas, por Jesus e por Maria. Na fase de Medina, o Alcorão trata de orientações concretas acerca do reto viver, de organização política e do sistema jurídico.

Como nem tudo pôde ser tratado por Maomé no Alcorão, incorporam-se à doutrina islâmica os ditos de outros profetas e santos (*hadit*), o consenso dos sábios (*igma*) e os argumentos por analogia (*qiyas*). Estas incorporações estão na base das várias tendências que compõem o islamismo histórico. Há os que querem simplesmente o Alcorão em sua letra e sem as interpretações, outros o releem a partir das interpretações dos sábios e, por fim, há um grande grupo que propõe atualizações necessárias face aos desafios que vêm da evolução histórica, especialmente da modernidade.

O islamismo original (*islam* significa "submissão total a Deus") não é guerreiro nem fundamentalista. É tolerante para com todos "os povos do livro" (judeus e cristãos). Ele vive de duas grandes convicções: a afirmação da absoluta unicidade e transcendência de Deus e a crença na comunidade profética dos irmãos, pois todos são criaturas de Deus e devem se entreajudar. Comenta Roger Garaudy, importante intelectual francês, convertido ao islamismo, no seu conhecido livro *Promessas do Islã* (1988):

> Transcendência e comunidade: não é essa a contribuição que o Islã hoje pode trazer para a descoberta de um futuro de aspecto humano, em um mundo em

que a eliminação do transcendente, a destruição da comunidade pelo individualismo e um modelo demente de crescimento tornaram o *status quo* impossível de se viver e impossíveis as revoluções de tipo ocidental? (p. 35).

Para entendermos a atual situação ideológica do islamismo precisamos nos reportar a duas tradições que vêm do período imediatamente posterior à morte do Profeta, em 632: a dos *xiitas* e a dos *sunitas*.

Os xiitas sustentam a posição de que aquele que faz as vezes do Profeta (em árabe, *califa*) deve ser alguém de sua família. No caso seria Ali, primo de Maomé que havia se casado com a filha do Profeta, Fátima. Ali e seu filho Husayn foram martirizados. Três eixos básicos sustentam a teologia dos xiitas e por eles são exaltados: o martírio de seus líderes, a memória autêntica do Profeta e o papel espiritual do *imam*, líder da comunidade. Para eles, os *Ayatollahs* são portadores de um saber superior e por isso são feitos guias do povo.

Os xiitas representam a corrente aberta, que é fiel ao Alcorão, mas o completa pelas contribuições dos sábios, pelo princípio de analogia e pelas adaptações exigidas pela mudança dos tempos. A revelação entregue ao Profeta continua através dos líderes religiosos, os *imãs*, que gozam de grande prestígio, pois se crê que possuem uma iluminação divina especial para interpretar sem erro o Alcorão e apontar caminhos seguros para os fiéis. Eles são minoria, cerca de 90 milhões, e se concentram especialmente no Afeganistão e no Irã.

Os *sunitas* afirmam que a liderança do islamismo não é de caráter hereditário e por isso independe dos familiares de Maomé. Ela é eletiva e seu exercício cabe aos que asseguram a fidelidade à memória do Profeta e que têm a capacidade de representar os interesses das tribos dominantes.

A grande maioria, cerca de 90% dos muçulmanos, na Indonésia, no Paquistão e no Iraque são sunitas. Eles representam a ortodoxia islâmica. Seguem rigorosamente o Alcorão e, para eles, a revelação se concluiu com o livro. O califa é o fiador da verdade revelada e recebe ajuda de um corpo de funcionários sem especiais encargos sagrados. Eles atualizam o Alcorão através da *suna* (daí sunitas), que significa a gesta e a mensagem do Profeta. Inspirando-se nela fazem as atualizações necessárias. É um argumento semelhante ao utilizado pelos cristãos, especialmente os que vêm da Teologia a Libertação, que diz: devemos estar no seguimento de Jesus, quer dizer, deixar-nos conduzir por sua mensagem e por sua prática.

Aqueles que tomam o Alcorão como a revelação enlivrada (feita livro) e tentam aplicá-la em todos os campos da vida, no sagrado e no profano, na sociedade e na organização do Estado, tendem a ser fundamentalistas. Criam um Estado teocrático e acabam impondo a todos, mesmo aos não muçulmanos, a famosa *Sharia* (significa *o caminho que conduz a Deus*), que é a lei islâmica, expressão completa e acabada da vontade de Alá que todos devem acolher pouco importando as circunstâncias.

A partir dos anos 80 do século passado surgiu o neofundamentalismo islâmico, com uma elaboração teórica mais consistente. O ponto de partida é a constatação de que a entrada dos valores ocidentais e a pressão imperialista das grandes potências ocidentais sobre os Estados árabes por causa do petróleo desestruturaram a cultura muçulmana e a afastaram dos ideais corânicos. Outro elemento foi a percepção de que a forma ocidental de fazer política é competitiva, conflitiva e destrói o bem comum em prol de interesses particulares. Este formato não permite que o campo político seja o lugar da "soberania de Deus" e por isso não pode ser modelo para os muçulmanos. Neste sentido há fortes críticas aos Estados islâmicos que tomaram o Ocidente como paradigma por terem gerado discórdia e divisões no seio da Grande Comunidade Islâmica (*umma*).

A bandeira destes grupos agora é a islamização da sociedade e de seus costumes, com possibilidade de expansão para o mundo todo. Este seria o ponto de partida para a organização de um Estado regido pelo Alcorão.

Esta islamização praticada em nível universal deve ser entendida como uma alternativa à forma ocidental de organizar a sociedade e o Estado. As duas pilastras que sustentam a islamização são: a dimensão comunitário-fraterna e a *Sharia* como instrumento de organização social por excelência. Desta forma, pensam os neofundamentalistas, devolve-se paz ao mundo sob a soberania de Deus aceita por todos.

É impensável para qualquer muçulmano organizar uma sociedade sem se levar em conta a dimensão institucional de fé. Assumir tal postura significa não ver sentido no universo sustentado pelo Criador do céu e da Terra e desconhecer os seres humanos como irmãos e irmãs.

Esta concepção não funda necessariamente um Estado teocrático. Na Indonésia, por exemplo, o maior país muçulmano do mundo, o Estado reconhece explicitamente em sua organização a fé em Deus, sem identificar esse Deus com o do Islã, do cristianismo ou de outras religiões. É um estado não confessional, com forte identidade nacional e fé ecumênica. A herança irrenunciável de Maomé é a proclamação pública de Deus e da irmandade de todos os seres humanos, valores tidos como por pré-modernos pelo Ocidente, mas que são, na verdade, os derradeiros fundamentos da vida pessoal e social.

A permanente tensão entre muçulmanos e ocidentais (que eles identificam com os cristãos) tem estas questões de fundo como causa. Neste caso, a famosa *jihad* (originalmente fervor e empenho pela causa de Deus) se transforma em guerra santa, dando origem a uma história de mútuas violências.

Do século VII ao XII se deu a expansão do Islã, ocupando os lugares sagrados para os cristãos: a Terra Santa e os territórios evangelizados por São Paulo, a Ásia Menor e as igrejas pastoreadas por Santo Agostinho e São Cipriano no Norte da África, chegando até a Espanha.

Do século XII ao XIV houve a contraofensiva cristã através das Cruzadas, culminando com a expulsão dos muçulmanos da Espanha em 1492.

Entre os séculos XV a XVI veio a resposta muçulmana com a conquista de Constantinopla (1453), a ocupação dos Bálcãs e a ameaça sobre a Europa, contida na Polônia.

Nos séculos XIX e XX as potências ocidentais revidaram, dominando e colonizando os principais territórios islâmicos na África, Oriente Médio e Extremo Oriente, usando violência militar, exploração econômica e imposição cultural e religiosa.

A partir da Turquia de Ataturk impôs-se, nos inícios do século XX, a modernização ocidental, acompanhada do liberalismo e do secularismo. Esse processo se aprofundou com o controle por parte do Ocidente das ricas bacias petrolíferas situadas nos territórios muçulmanos do Oriente Médio. Agravou-se com a globalização econômico-financeira, altamente competitiva e nada cooperativa.

Qual foi o efeito final desse processo? A demonização mútua do inimigo. Os ocidentais tendem a ver nos muçulmanos as figuras do fanático religioso e do terrorista. Os muçulmanos tendem a ver nos ocidentais os ateus práticos, os materialistas crassos e os secularistas ímpios.

Este caldo anticultural fez germinar o fundamentalismo islâmico, especialmente diante da nova forma de cruzada praticada pelos ocidentais em ações como a ocupação militar do Iraque. Também serve de exemplo a dominação imposta a quase todos os países árabes do Oriente Médio, especialmente a Arábia Saudita, por conta de interesses comerciais ligados ao petróleo.

5
O fundamentalismo da globalizacão

Até agora nos ocupamos com o fundamentalismo de cariz religioso, mas ele também se estende para outros campos do pensamento e da prática humana.

O atual processo de globalização econômico-financeira, que entrou em crise a partir de setembro de 2008, apresenta alguns traços reconhecíveis de fundamentalismo. A presunção de que neste processo todas as relações são de interdependência é ilusória e não corresponde aos fatos. O que de fato vigora são verdadeiras dependências impostas pelos grandes conglomerados globais e pelos capitais especulativos. Eles dominam as economias periféricas, desestabilizando-as segundo seus interesses particulares. Não há qualquer preocupação com o bem-estar dos povos e com a sustentabilidade do planeta.

A nova ordem surgida após a implosão do socialismo real no Leste Europeu não melhorou a situação do mundo. Ao contrário, radicalizou as contradições internas. O fosso entre riqueza e pobreza aumentou e o estado da Terra é dramático. As promessas de paz duradoura esvaneceram-se logo. A lógica individualista e não cooperativa da cultura do capital destruiu os laços de solidariedade e cooperação entre os povos, exacerbou o individualismo, tentou desconstruir o Estado, visto como obstáculo à expansão dos capitais e do mercado, e desmoralizou a política como busca comum do bem comum. Sua função foi reduzida apenas a assegurar o bom funcionamento da globalização capitalista em benefício dos países centrais e de suas grandes corporações.

Ao todo existem cerca de 500 transnacionais que praticamente dominam todos os setores da economia e decidem o futuro dos povos, como define o analista brasileiro Márcio Pochmann: "Não são os países que têm as empresas, são as empresas que têm os países". Três delas possuem um faturamento maior que todo o PIB brasileiro, que já ultrapassou 1,5 trilhão de dólares (2009).

A partir de setembro de 2008, este sistema entrou em colapso no coração dos países centrais, como os Estados Unidos e as nações mais ricas da Europa, afetando a economia de todos os países do mundo. Tudo parece indicar que esta crise seja sistêmica e que ela coloca em xeque a capacidade de reprodução do sistema capitalista.

O capitalismo precisa da natureza para explorá-la. No entanto, ocorre que já estamos próximos aos limites da Terra.

Consumimos 30% a mais daquilo que ela pode repor. Isto quer dizer que, para atender o consumismo mundial, precisamos desde já de uma Terra e mais 30% dela, condição da qual não dispomos. Neste cenário o sistema do capital terá pouca chance de se reproduzir e se prolongar.

A economia política mundial deverá trilhar outros caminhos para atender as necessidades da humanidade sem degradar o capital natural, distribuindo com equidade os recursos escassos e tendo sentido de solidariedade para com as gerações futuras.

Uma vez mais se mostra que um sistema econômico-social montado sobre a injustiça, a exploração dos trabalhadores e a depredação da natureza, por mais força econômica, política e militar que disponha, é, a médio e a longo prazo, insustentável. A sacralidade da vida exige respeito. Caso contrário ela se rebela, fazendo ruir edifícios construídos sobre a arrogância e a prepotência.

Em decorrência destes múltiplos fatores, em muitos povos do mundo há o sentimento de decepção e de abandono à própria sorte. Efetivamente, da dependência passaram à prescindência. Nem sequer possuem o privilégio de serem explorados pelos grandes conglomerados mundiais. Há o risco real de que a segurança passe a ser buscada nas relações Norte-Norte e que sejam abandonadas as relações com o Sul, onde está a grande maioria dos pobres da humanidade, poço permanente de amargura, ressentimento, decepção, combustível explosivo de terrorismo.

O terrorismo moderno tende a golpear o Norte em seu coração, como ocorreu nos Estados Unidos, na Espanha, na Inglaterra e em algumas cidades da África. Tal situação é inédita, pois quase sempre foi o Norte que levou terror ao Sul através das conquistas coloniais, da expansão imperialista e do combate feroz aos processos de independência. Este dado nunca deve ser esquecido, pois as investidas do Norte deixaram um lastro de ressentimentos e de raivas históricas que podem se manifestar na vontade de *vendetta* e de práticas de atos terroristas.

A este quadro soma-se ainda o fato de que as potências outrora colonialistas e escravocratas não quiseram pedir desculpas, em vários foros mundiais, pelo terror que levaram às colônias e aos povos negros, por séculos tratados como "peças" a serem leiloadas e vendidas nos mercados negreiros das Américas e da Europa. Estas marcas são indeléveis e ainda sangram. Mas quem entre os brancos, outrora escravocratas, se dá conta deste sofrimento histórico acumulado?

Há ainda um outro fenômeno para agravar a situação: as identidades étnicas recalcadas pelo socialismo estatizante da antiga União Soviética começaram a ressurgir e a buscar sua afirmação. Este é um processo difícil e não raro violento, como se notou na ex-Iugoslávia, na Chechênia e agora no Afeganistão. A religião reforça e legitima o retorno das identidades oprimidas.

Por outro lado, o processo de globalização significa também, em muitos aspectos, globocolonização, nivelamento das diferenças e ameaça das singularidades culturais. Ora, as religiões são, reconhecidamente, ingredientes poderosos na construção das identidades dos povos. São elas que lhes dão uma aura de mística e de imortalidade. Quando estas culturas se sentem ameaçadas, se agarram à religião para se autoafirmar. Daí emergem exclusões e violências contra aqueles que as ameaçam. Assim explode o terrorismo como forma de autodefesa e de contraofensiva dos fracos contra os poderosos, com a utilização de meios altamente destruidores como temos assistido ultimamente. Este é caso mais frequente nas nações islâmicas, submetidas maciçamente a processos forçados de modernização e de ocidentalização.

Há dezenas de anos a política exterior dos Estados Unidos vem maltratando as nações árabes através de pactos com governantes despóticos (alguns emirados árabes nem constituição e parlamento possuem) em razão da garantia do suprimento de petróleo. Desde 1991, quando iniciou a guerra contra o Iraque, já morreram naquele país cerca de quinhentas mil crianças, por causa do embargo aos suprimentos medicinais. Todos os meses morria no Iraque, em consequência do embargo aos remédios, da falta de saneamento e de água, um número de crianças igual ao das vítimas dos ataques de 11 de setembro. Madaleine Allbright, ex-ministra das Relações Exteriores no governo Clinton, certificando-se do fato, cinicamente comentou: "É um preço alto, mas estamos dispostos a pagá-lo". Resultado: 5% da população iraquiana foi morta em sistemáticos bombardeios e o número cresceu consideravelmente com a guerra infame decretada pelo ex-presidente Bush.

A atuação norte-americana no conflito entre Israel e os palestinos é visivelmente unilateral, tolerando ataques devastadores da máquina de guerra israelense contra a população palestina que revida com pedras (intifada). A Arábia Saudita, território sagrado do islamismo onde se situam as duas cidades santas (Meca e Medina), é ocupada por uma poderosa base militar norte-americana. Tal fato é para a fé islâmica ortodoxa tão escandaloso quanto um católico tolerar a máfia no governo do Vaticano. Todas estas ações geraram um acúmulo de amargura, ressentimento, revolta e vontade de revide. É o fermento do terrorismo muçulmano cujos efeitos nefastos todos assistimos e condenamos, entendemos e não desculpamos.

6
O fundamentalismo neoliberal e científico-técnico

A postura fundamentalista não aparece apenas na religião e na globalização. Todos os sistemas (culturais, científicos, políticos, econômicos e artísticos) que se apresentam como portadores exclusivos de verdade e de solução única para os problemas se inscrevem dentro daquilo que chamamos de fundamentalismo, e atualmente vivemos sob o império feroz de vários deles.

O primeiro e mais visível de todos é o fundamentalismo da ideologia política do neoliberalismo, do modo de produção capitalista e de sua melhor expressão, o mercado mundialmente integrado que hoje está em profunda crise. Este modelo tinha pretensão de se apresentar como a solução única para todos os países e para todas as carências da humanidade (todos precisam de um necessário choque de capitalismo, dizia-se fundamentalisticamente).

A lógica interna deste sistema, entretanto, é acumulação de bens e serviços, por isso ele cria grandes desigualdades (injustiças), explora ou destrói a força de trabalho e age como predador da natureza. Ele é apenas competitivo e nada cooperativo. Politicamente quer ser democrático, mas economicamente é ditatorial. Por isso a economia capitalista destrói continuamente a democracia participativa. Onde se implanta, a cultura capitalista cria uma cosmovisão materialista, individualista e sem qualquer freio ético.

Houve teóricos, altamente alienados e arrogantes, que apresentaram esta etapa como o fim da história, para a qual não haveria alternativa. Urgia inserir-se nela, caso contrário perder-se-ia o ritmo da história. A condenação seria a marginalidade ou a exclusão. Este era o pensamento único imposto pela ditadura da globalização, especialmente a econômico-financeira (considero esta etapa como a idade de ferro da globalização), hegemonizada pelas potências ocidentais.

Outro tipo de fundamentalismo está presente no paradigma científico moderno, assentado sobre a violência contra a natureza. Bem dizia Francis Bacon, pai da moderna metodologia científica: há de se torturar a natureza como o faz o inquisidor com seu inquirido, até que ela entregue todos os seus segredos. Este método fundado no corte e na compartimentação da realidade una e diversa é imposto como a exclusiva forma aceitável de acesso ao real. Outras formas de conhecimento que vão além ou ficam aquém dos caminhos da razão instrumental-analítica são desmoralizadas, como no caso da razão sensível e da inteligência cordial e espiritual, que servem de base aos valores que dão sentido à vida humana.

O fato é que o projeto da tecnociência gestou o princípio da autodestruição da vida. A máquina de morte que já está construída pode pôr fim à biosfera e impossibilitar o projeto planetário humano. Na guerra bacteriológica, por exemplo, basta meio quilo de toxina do botulismo para matar um bilhão de pessoas. Só deste material já existem acumulados cerca de trinta quilos. Outras armas de destruição em massa já estão preparadas e podem ser disparadas a qualquer momento.

Aqui se revela a irracionalidade de uma razão unilateral e fundamentalista que desconhece outras formas de aplicação da razão em prol da vida e da preservação do planeta.

7

Dois tipos de fundamentalismo político: de Bush e de Bin Laden

Nos tempos recentes temos assistido, estarrecidos, a dois tipos de fundamentalismo político. Um representado pelo ex-presidente dos Estados Unidos, George W. Bush, e outro por Osama Bin Laden.

O ex-presidente norte-americano urdia seus discursos no melhor código fundamentalista: a luta é do bem (América) contra o mal (terrorismo islâmico). Ou se estava contra o terrorismo e pela América ou a favor do terrorismo e contra a América. Não havia matizes nem alternativas.

O ataque terrorista não era contra os Estados Unidos, mas sim contra a humanidade, na suposição que eles fossem a própria humanidade. O projeto inicial de guerra se chamava Justiça Infinita, termo que usurpava a dimensão do Divino. Depois com menor arrogância, mas na linguagem da utopia, chamou-se de Liberdade Duradoura. Bush terminava suas intervenções com "Deus salve a América". Que Deus reduzido é este que somente salva a América?

Igualmente fundamentalista era a retórica dos talibãs e de Osama Bin Laden. Este também coloca a guerra entre o bem (islamismo) e o mal (a América). Em seu famoso discurso após o atentado de 11 de setembro, dividia o mundo entre dois campos: o campo dos fiéis e o campo dos infiéis.

"O chefe dos infiéis internacionais, o símbolo mundial moderno do paganismo, é" – dizia ele – "a América e seus aliados". O atentado terrorista significava que "a América fora atacada por Deus em um dos seus órgãos vitais... Graça e gratidão a Deus". A cultura ocidental como um todo era vista como materialista, ateia, secularista, antiética e belicista. Daí a recusa em dialogar com ela e a vontade de estrangulá-la em nome do próprio Alá.

Em nome de que Deus ambos falavam? Não era seguramente em nome do Deus da vida, de Alá, o Grande e Misericordioso, nem em nome do Pai de Nosso Senhor Jesus Cristo, da ternura dos humildes e da opção pelos oprimidos. Falavam em nome de ídolos que produziam mortes e viviam de sangue.

É próprio do fundamentalismo revidar o terror com terror, pois ele busca conferir vitória à única verdade e ao único bem e destruir a falsa "verdade" e o "mal". Foi o que ambos, Bush e Bin Laden, fizeram.

Enquanto, em qualquer tempo e circunstância, predominarem tais fundamentalimos, seremos condenados à intolerância, à violência e à guerra e, no termo, à ameaça de dizimação da biosfera e do fim da espécie humana.

8
Choque ou diálogo de civilizações?

No contexto do fundamentalismo e do terrorismo internacional não são poucos que suscitam a pergunta: será que a organização progressiva de tais fenômenos não pode levar a algo ainda mais perverso que é o choque de civilizações? O primeiro a suscitar esta questão e a elaborá-la com certo detalhe foi Samuel J. Huntington, falecido em 2008, importante assessor na primeira guerra dos Estados Unidos contra o Iraque e professor na escola de diplomatas em Harvard.

Em seu conhecido e discutido livro *O choque das civilizações* (1996), Huntington apresenta dados e reflexões que sustentam a tese de que, inexoravelmente, estamos caminhando ao encontro de um choque global de civilizações. Em primeiro lugar, o estudioso aponta uma incompatibilidade histórica entre islamismo e cristianismo, pois ambos sempre mantiveram acesa a vontade beligerante, espírito que tende a ir para além da civilização islâmica e envolver praticamente todas as outras civilizações.

Para o professor, a luta no final será do Ocidente contra todos os outros, pois ele é refém da *hybris* (que para os gregos atrai a ira dos deuses), e talvez seja ela o seu principal vício. *Hybris* significa a excessiva importância que alguém dá a si mesmo, é o orgulho desmesurado em se autoafirmar contra os outros, a atitude permanente de arrogância, a marca do Ocidente.

O Ocidente acredita ser portador da melhor cultura do mundo e por isso pensa que ela deva ser imposta a todos. Está convicto também de ter a melhor religião, a única revelada e verdadeira, o cristianismo, de deter a melhor forma de governo, que é a democracia, e a única forma de conhecimento da realidade, a tecnociência.

Este conjunto de convicções forma um verdadeiro paradigma que foi imposto a todo mundo. Este modelo subjaz ao processo da globalização que, concretamente, é uma ocidentalização do mundo, a expressão mais acabada do sistema e da cultura do capital.

Huntington imagina que esta arrogância ocidental vai provocar uma guerra de civilizações. Blocos se agregarão no Oriente, sob a hegemonia da China, e no Ocidente, sob os Estados Unidos. Os choques ocorrerão em escaladas crescentes até que degenerem em um conflito generalizado com a utilização de armas de destruição em massa.

Ocorrerá, segundo ele, uma fantástica devastação da biosfera e das riquezas das nações. Os Estados Unidos, a Europa, a China e o Japão se tornarão territórios quase inabitáveis. O cenário dramático desenhado pelo autor no final de seu livro nos faz pensar na frase de Einstein: "Não sei como será a terceira guerra mundial; sei apenas que a seguinte será com pedras e paus".

Esta posição de Huntington se apresenta como a mais provável e realista. No entanto, muitos questionam seu tipo de argumentação e de generalização. Contra ela surgiu uma alternativa, a posição "ético-idealista" defendida por Hans Küng, teólogo católico alemão, dos poucos que têm se ocupado intensivamente com os destinos das religiões e da história da humanidade.

No seu clássico livro *Uma ética global para a política e a economia mundiais* (1997), Küng sustenta a tese inversa: ou estabelecemos um diálogo entre todas as religiões e culturas, buscando pontos comuns, ou então vamos ao encontro de um desastre nunca dantes visto. Sua tese é: "Sem paz entre as religiões não haverá paz entre as nações".

Por que começar pelas religiões? Por uma simples constatação: as principais áreas de conflito hoje têm subjacente uma questão religiosa. Ademais, o próprio Huntington em seu livro reconhece que

> No mundo moderno, a religião é uma força central, talvez a força central que mobiliza as pessoas... O que em última análise conta não é a ideologia política nem os interesses econômicos, mas as convicções de fé, a família, o sangue e a doutrina; é por estas coisas que as pessoas combatem e estão dispostas a dar a sua vida.

O caminho da paz mundial passa, portanto, pelo diálogo entre as religiões e pelo estabelecimento da paz entre elas. Para que a paz ocorra, portanto, é necessária a superação dos fundamentalismos presentes em estratos importantes de praticamente todas as religiões.

Pacificadas as religiões – e ainda há muito por fazer – cria-se a plataforma para a paz política, fundada em uma ética mínima de justiça universal, de cuidado para com a Terra e para com a biosfera, de cooperação universal, de corresponsabilidade face ao nosso futuro comum e de reverência face ao mistério da existência.

Qual das duas visões contém mais verdade?

Por que a proposta de Huntington me parece improvável? Porque a máquina de morte é de tal ordem que tem o poder de destruir tudo e abortar o futuro da espécie. Já não podemos mais fazer guerras como antigamente. Hoje o combate só é possível contra países fracos, como vergonhosamente se fez contra o Iraque. Mas não se poderá fazer o mesmo contra a Rússia e a China, pois ambas possuem armas de destruição em massa. Aí seria o fim das civilizações.

Só nos resta a proposta ético-idealista de Hans Küng, do diálogo e da cooperação universais. Só assim se evitará o choque de civilizações e se criarão as condições de uma paz perpétua entre as nações, conforme o grande sonho do filósofo Immanuel Kant, manifesto em seu famoso escrito *Sobre a paz perpétua* (1795).

Para o norte-americano Mike Davis, um dos mais criativos pesquisadores de temas atuais como *Holocaustos coloniais* ou *A ameaça global da gripe aviária*, a guerra de civilizações se daria entre a cidade organizada e a multidão de favelas do mundo.

Seu recente livro *Planeta Favela* (2006) apresenta uma pesquisa minuciosa (apesar da bibliografia ser quase toda em inglês) sobre a favelização que está ocorrendo aceleradamente por todas as partes do mundo.

A humanidade sempre se organizou de maneira que grupos fortes pudessem se apropriar da Terra e de seus recursos, deixando grande parte da população excluída. Com a introdução do neoliberalismo, especialmente a partir de 1980, este processo ganhou livre curso: houve uma privatização de quase tudo, uma acumulação de bens e serviços em poucas mãos, o que desestabilizou socialmente os países periféricos e lançou milhões e milhões de pessoas na pura informalidade. Para o sistema eles são "óleo queimado", "zeros econômicos", "massa supérflua" que sequer merece entrar no exército de reserva do capital.

Esta exclusão se expressa pela favelização que ocorre no planeta inteiro, na proporção de 25 milhões de pessoas por ano. Segundo Davis, 78,2% das populações dos países pobres são de favelados. Dados da CIA (2002) apresentavam o espantoso número de 1 bilhão de pessoas desempregadas (ou subempregadas) e favelizadas.

Junto com a favela vem toda uma gama de perversidades, como a exploração e escravização de milhares de crianças (em Varanasi (Benares) na Índia, por exemplo, elas trabalham na fabricação de tapetes), as "fazendas de rins" e outros órgãos humanos comercializados em Madras ou no Cairo e outras formas inimagináveis de degradação, com pessoas "vivendo literalmente na merda".

Ao Império norte-americano não passaram despercebidas as consequências geopolíticas de um "planeta de favelas". Temem "a urbanização da revolta" ou a articulação dos favelados em vista de lutas políticas. Por este motivo o Pentágono montou um aparato especial denominado MOUT – *Military operations on urbanized terrain* (Operações militares em terreno urbanizado) – com o objetivo de treinar soldados para lutar em ruas labirínticas, nos esgotos, nas favelas, em qualquer parte do mundo onde os interesses imperiais estejam ameaçados. Será a luta entre a cidade organizada e amedrontada e a favela enfurecida.

Um dos estrategistas do Pentágono diz friamente:

> As cidades fracassadas e ferozes do Terceiro Mundo, principalmente seus arredores favelados, serão o campo de batalha que distinguirá o século XXI; a doutrina do Pentágono está sendo reconfigurada nessa linha para sustentar uma guerra mundial de baixa intensidade e de duração ilimitada contra segmentos criminalizados dos pobres urbanos. Esse é o verdadeiro choque de civilizações.

Será que os métodos usados em São Paulo e no Rio de Janeiro, com a militarização do combate aos traficantes nas favelas, com verdadeiras execuções, como bem apresentou o filme *Tropa de elite*, já não obedecem a esta estratégia inspirada pelo Império?

O Brasil se encontra entre os países mais favelizados do mundo, o que é efeito perverso da ação daqueles que sempre negaram a reforma agrária e a inclusão social das grandes maiorias, pois lhes convinha politicamente deixá-las empobrecidas, doentes e analfabetas. Enquanto não houver mudanças que promovam a inclusão necessária, continuarão existindo o medo e o risco real de uma guerra sem fim.

9
O que é, afinal, o fundamentalismo?

As várias formas de fundamentalismo que analisamos, entre outras aqui não mencionadas, nos forneceram os dados necessários para elaborar um conceito mais preciso do que seja o fundamentalismo.

Ele não é uma doutrina, mas uma forma de interpretar e viver a doutrina. É assumir a letra das doutrinas e normas sem cuidar de seu espírito e de sua inserção no processo sempre cambiante da história, postura que exige contínuas interpretações e atualizações, exatamente para manter sua verdade originária. Fundamentalismo representa a atitude daquele que confere caráter absoluto ao seu ponto de vista.

Sendo assim, imediatamente surge uma grave consequência: quem se sente portador de uma verdade absoluta não pode tolerar outra verdade e seu destino é a intolerância que gera o desprezo do outro e o desprezo, a agressividade e a agressividade, a guerra contra o erro a ser combatido e exterminado. Irrompem conflitos religiosos e ideológicos com incontáveis vítimas.

Não há ninguém mais guerreiro que os herdeiros da tradição dos filhos de Abraão: judeus, cristãos e muçulmanos. Cada qual vive da convicção tribalista de ser povo escolhido e portador exclusivo da revelação do Deus único e verdadeiro. Esta fé deve ser difundida em todo o mundo, normalmente, em articulação com o poder colonialista e imperial, como historicamente ocorreu na América Latina, África e Ásia.

O fundamentalismo, como atitude e tendência, se encontra em setores de todas as religiões e caminhos espirituais. Hoje em dia, por exemplo, o fundamentalismo judeu se centra na construção do Estado de Israel segundo o tamanho que lhe atribui a Bíblia Hebraica.

O fundamentalismo islâmico quer fazer do Alcorão a única forma de vida, de moral, de política e de organização do Estado entre os islâmicos e em todos os lugares onde ocupam o poder. Apresenta-se como uma forma de organizar o mundo, alternativa àquela ensaiada pelo Ocidente. Todos os que se opõem a essa visão de mundo islamizada são obstáculos à instauração "da cidade de Deus". Consequentemente são infiéis e merecem ser perseguidos e eventualmente eliminados.

10
Dois fundamentalistas: Bush e Bin Laden

Nos últimos tempos tivemos dois paladinos do ódio e da guerra: o ex-presidente dos Estados Unidos, George W. Bush Jr., e Osama Bin Laden, o cabeça da Al-Qaeda que perpetrou os atentados em Nova York. Confrontam-se dois tipos de fundamentalismo: um do Estado terrorista e outro o suicidário dos fundamentalistas islâmicos.

O fundamentalismo suicidário muçulmano, como já consideramos, parte da convicção de que o Ocidente, inimigo histórico desde os tempos das Cruzadas, é o Grande Satã, porque é ateu prático, materialista, imperialista e sexista. Ele submeteu os países árabes por interesse no petróleo e seu imperialismo perverteu os costumes tradicionais. Por isso, estes países devem ser combatidos em todas as frentes e, com as bênçãos do Altíssimo, pode-se fazer o maior número possível de vítimas em seus territórios. Estão tão convencidos disto que aceitam fervorosamente ser homens-bomba.

O fundamentalismo do Estado terrorista foi bem representado por Bush, e também por Sharon e por Omert, primeiros-ministros de Israel. Este último arrasou criminosamente a Faixa de Gaza. Os dirigentes israelenses são movidos pela convicção de que os judeus têm o direito, acima de qualquer outro direito dos palestinos, de montar o Estado de Israel nas mesmas dimensões espaciais que possuía nos tempos do Rei Davi. Por isso Sharon, enquanto estava no poder, incentivava as colonizações em territórios palestinos. Ele não dava trégua a este propósito e boicotava todas as tentativas de paz.

O fundamentalismo do Estado terrorista *à la* Bush possui fortes raízes religiosas, ligadas à sua biografia pregressa. O ex-presidente foi dependente de álcool por vinte anos até que, em 1984, a convite de um amigo, Don Evans, seu futuro secretário do comércio, começou a frequentar o círculo bíblico dos evangélicos fundamentalistas.

Após dois anos não era mais ébrio de álcool, mas ébrio de um misticismo que o fazia se apresentar como "um homem que tem Jesus em seu coração".

A mística de Bush e de seus mais imediatos colaboradores repousava sobre dois dados da tradição cultural norte-americana: o Destino Manifesto e a religião civil.

O Destino Manifesto (*Manifest Destiny*) foi cunhado em 1845 pelo jornalista John O'Sullivan para justificar a anexação do México e o expansionismo norte-americano. Ainda em 1900, explicava o senador por Indiana, Albert Beveridge: "Deus designou o povo norte-americano como nação eleita para dar início à regeneração do mundo".

Esta ideologia esteve sempre viva entre a direita norte-americana e foi acenada muitas vezes por George Bush pai e filho. O atributo que eles denominavam de "nossa superioridade moral" justificava suas invenções político-militares pelo mundo afora.

A religião civil, na forma de integrismo e fundamentalismo religioso, procura conferir aura cristã ao Destino Manifesto. Como já consideramos, os fundamentalistas tomam a Bíblia ao pé da letra e a utilizam como roteiro para entender a história. Assim milhões de pessoas, nas periferias ou até em centros de alta tecnologia, acreditam que estamos vivendo os últimos dias da história, marcados pelo enfrentamento do bem e do mal (o bizarro Armagedon), por guerras devastadoras e pela atuação do anticristo.

Creem também que em breve se dará a segunda vinda de Cristo que instaurará a era perfeita, preparando sua vinda definitiva quando os fiéis serão arrebatados ao céu, recebendo um corpo de glória. Emergirá, então, um novo céu e uma nova Terra. Muitos destes fundamentalistas auspiciavam uma guerra nuclear para forçar a segunda vinda de Cristo, tanto que o ministro do interior do governo Reagan chegou a dizer que "não devemos defender o meio ambiente porque a segunda vinda é iminente".

Curiosamente, o fundamentalismo de judeus norte-americanos vê na instauração do estado de Israel parte do processo de redenção do mundo. Reconstruído o templo, o Messias viria, trazendo a redenção para todos.

Margot Patterson, no conhecido semanário católico *National Catholic Reporter* (11/10/02), mostrou a colaboração existente entre estes dois fundamentalismos: o político norte-americano e o judeu, cada qual com seus objetivos, mas unidos na crença no fim da história.

A religiosidade fundamentalista de Bush e de seus colaboradores era conhecida é já havia sido revelada por vários meios de comunicação do porte da *Newsweek*. Eles tinham a profunda convicção de que Deus escolhera os Estados Unidos para salvar o mundo. Sentiam-se instrumentos para aquela missão divina. Todos os dias, Bush levantava cedo para ler a Bíblia e fazer suas orações. Antes de tomar decisões, o grupo rezava para que Deus os fizesse cumprir aquela missão de forma determinada.

Agora podemos entender por que Bush não respeitava a ONU nem os acordos internacionais. Ele não precisava do aval do Conselho de Segurança para fazer a guerra contra o Iraque porque já tinha de Deus. Bush se movia por uma missão. Era imperativo derrubar Saddam Hussein, pois o governante iraquiano era uma das expressões do anticristo. O governo americano apropriou-se do petróleo do Iraque porque este forneceria a base material para o cumprimento da missão. A globalização devia ser moldada pelos valores norte-americanos, pois só estes eram queridos por Deus. Os outros valores não construiriam o novo mundo.

O brasilianista norte-americano Ralph della Cava e o teólogo J. Stam contam que, ao postular-se candidato à Presidência dos Estados Unidos, Bush reuniu os pastores com quem tinha contato e lhes comunicou: "Fui chamado [por Deus]". Em seguida fez-se o ritual "da imposição das mãos", sagrando-o como presidente preventivo.

Esta pré-história é importante para se entender a fúria fundamentalista que se apossou de Bush após os atentados de 11 de setembro de 2001. Ele optou por combater o mal com o mal, ameaçando com guerra preventiva a todos os países do "eixo do mal". Deixou claro: "Quem não está conosco, está contra nós", e é terrorista.

Antes do ultimato a Saddam Hussein, pediu a todo o gabinete e demais assessores que "o deixassem a sós por dez minutos". Qual Moisés, foi consultar-se com Deus e, ao voltar, comunicou aos presentes o que foi confirmado pelo *New York Times* (edição de 26/04/03): "Tenho uma missão a realizar e com os joelhos dobrados peço ao bom Senhor que me ajude a cumpri-la com sabedoria. Vamos à guerra".

Aqui temos a expressão mais acabada de fundamentalismo político fundado no fundamentalismo religioso. Ambos preferem a morte à vida. O lema é como aquele que vigorava entre a polícia secreta nazista SS: "Dar a própria vida e tomar a vida dos outros" (*geben und nehmen*).

11

Como conviver com o fundamentalismo?

Todo fundamentalismo, não obstante o vário matiz, possui as mesmas constantes. Trata-se sempre de um sistema fechado, feito de claro ou de escuro, inimigo de toda diferenciação e cego à lógica do arco-íris, onde a pluralidade das cores convive com a unidade do mesmo fenômeno.

Como dizem os filósofos, face a esta realidade não se há de sorrir nem de chorar, mas de procurar entender. Cada verdade se encontra indissoluvelmente concatenada à outra. Questionada uma, desaba todo o edifício. Por isso a necessidade incondicional da afirmação de todo o sistema de verdades. Desta atitude derivam a intolerância e a lógica linear. Por isso se entende também a força de atração que exerce sobre os espíritos sedentos de orientações claras e de contornos precisos.

Para o fundamentalista militante a morte é doce, pois transporta o mártir diretamente ao seio materno de "Deus", enquanto a vida é vivida como cumprimento de uma missão divina de converter ou de exterminar os infiéis. O grupo é o lar da identidade, o porto da plena segurança e a confirmação de estar do lado certo.

Como enfrentar os fundamentalistas?

Importa de saída notar que os fundamentalistas são pessoas que perderam a capacidade de sorrir e de ter humor. São tristes e severos. Neles tudo é sério e absolutamente importante. O sorriso, entretanto, característica tão singular dos humanos, supõe a capacidade de relativizar todas as coisas. Elas podem ser (e são) sérias, mas não possuem a característica da última e definitiva realidade. Não estão fora da história e são passíveis de mudanças, de idas e vindas, de envelhecimento e de perda de vitalidade.

Porque lhes faltam humor e sorriso, os fundamenalistas são praticamente inacessíveis à argumentação racional. Então mais vale a compaixão do que a argumentação. Nem por isso deve-se renunciar ao diálogo, à tolerância e ao uso da razão para mostrar-lhes as contradições internas subjacentes ao discurso e à prática fundamenalista. Eles podem também ser sensíveis à razão cordial, sensível e amorosa, pois não deixam de ser pessoas humanas que têm medo, angústia, vontade de acolhida e necessidade de amor.

Também não se pode deixar de considerar o fato de que por detrás do fundamentalismo político vigora, geralmente, uma experiência dolorosa de humilhação e de prolongado sofrimento. A tendência de quem passa por este tipo de infortúnio é procurar infligir a mesma pena ao outro. Tal atitude, no entanto, é manifestamente contraditória à regra de ouro testemunhada por todas as religiões da humanidade: não faças ao outro o que não queres que façam a ti.

Trazer o fundamentalista à realidade concreta, com suas contradições e nuances, tratando-o com gestos de acolhida e convivência calorosa, pode provocar nele a necessária abertura ou colocá-lo em dúvida e insegurança com relação ao acerto de suas atitudes. Estas iniciativas possuem uma função terapêutica. Podem abrir uma brecha para a passagem de luz no muro das suas convicções cerradas e excludentes. Dialogar até a exaustão e negociar até o limite intransponível da razoabilidade são duas atitudes que podem levar o fundamentalista a reconhecer o outro, seu direito de existir e a contribuição que ele pode dar para uma convergência mínima na diversidade.

No diálogo devem ser enfatizados mais os pontos comuns do que os pontos divergentes. Todos devem se sentir chamados para o serviço da humanidade, alimentando a chama sagrada que arde dentro de cada um e que perpassa a história.

Mas até a tolerância tem limites, pois nem tudo vale neste mundo. Os profetas de ontem e de hoje sacrificaram suas vidas porque ergueram sua voz e tiveram a coragem de dizer: "Não te é permitido fazer o que fazes". Há situações em que a tolerância significa cumplicidade com o crime, omissão culposa, insensibilidade ética ou comodismo.

Não devemos ser tolerantes com aqueles que têm poder de erradicar a vida humana do planeta e de destruir a biosfera. Eles têm que ser submetidos a controles severos.

Não devemos ser tolerantes com aqueles que assassinam inocentes, abusam sexualmente de crianças, traficam órgãos humanos. Cabe aplicar-lhes duramente as leis.

Não devemos ser tolerantes com aqueles que escravizam menores para baixar os custos de produção e lucrar no mercado mundial. Deve-se aplicar contra eles a legislação mundial concernente às condições de trabalho.

Não devemos ser tolerantes com terroristas que, em nome de sua religião ou de um projeto político, cometem crimes e matanças. Urge prendê-los e levá-los às barras dos tribunais.

Não devemos ser tolerantes com aqueles que falsificam remédios e provocam a morte de pessoas ou instauram políticas de corrupção que delapidam os bens públicos. Contra estes devemos ser especialmente duros, pois ferem o bem comum. Cada país possui sua legislação de combate a estes crimes contra o bem social.

Não devemos ser tolerantes com as máfias das armas, das drogas e da prostituição que incluem sequestros, torturas e eliminação de pessoas. Para estes crimes hediondos são necessárias punições claras.

Não devemos ser tolerantes com práticas como a de cortar as mãos dos ladrões e submeter mulheres a mutilações genitais, mesmo que sejam realizadas em nome da cultura. Contra isto valem os direitos humanos.

Estes casos descritos não devem ser tratados com tolerância, mas com firmeza, rigor e severidade. Agir desta forma é cultivar a virtude da justiça e não o vício da intolerância. Se não formos assim, estaremos renunciando aos princípios e seremos cúmplices com o mal.

A tolerância sem limites liquida com a tolerância assim como a liberdade sem limites conduz à tirania do mais forte. Tanto a liberdade quanto a tolerância precisam, portanto, da proteção da lei, caso contrário assistiremos à ditadura de uma única visão de mundo que nega todas as outras. O resultado é raiva e vontade de vingança, fermento do terrorismo.

Onde estão então os limites da tolerância?

No sofrimento, nos direitos humanos e nos direitos da natureza. Lá onde pessoas são desumanizadas, aí termina a tolerância, pois ninguém tem o direito de impor sofrimento injusto ao outro.

A *Carta dos Direitos Humanos*, da ONU, assinada por todos os países, traz preceitos com os quais todas as tradições devem se confrontar. As práticas que implicarem violação daqueles enunciados não podem se justificar. A *Carta da Terra* zela pelos direitos da natureza e da Casa comum, a Terra. Quem violar suas prescrições perde legitimidade e deve ser punido por cometer crimes ambientais e contra a vida.

Por fim, é possível ser tolerante com os intolerantes?

A história comprovou que combater a intolerância "pagando com a mesma moeda" leva à aspiral da intolerância. A atitude pragmática busca estabelecer limites. Se a intolerância implicar crime e prejuízo manifesto a outros, vale o rigor da lei para enquadrá-la. Fora deste constrangimento legal, vale a liberdade.

Deve-se levar o intolerante ao diálogo incansável e fazê-lo perceber as contradições de sua posição. O melhor caminho é a democracia sem fim que se propõe incluir a todos e a respeitar um pacto social comum.

Estamos em uma encruzilhada da história humana. Ou criamos relações multipolares de poder, equitativas e inclusivas, com pesados investimentos na qualidade de vida das pessoas, na garantias de seus direitos mínimos e na preservação de sua cultura e da integridade e beleza da natureza, ou iremos ao encontro do pior, quem sabe, tendo o mesmo destino dos dinossauros.

Condições bélicas para esta destruição total existem e também sobra demência. Faz-se urgente mais sabedoria que poder e mais espiritualidade que acúmulo de bens materiais, para que os povos possam se abraçar como irmãos na mesma Casa comum, a Terra, vivendo como filhos da alegria e não como condenados ao vale de lágrimas.

12

São Francisco, patrono do diálogo com os muçulmanos

O fundamentalismo não padece apenas uma interpretação negativa. Há nele aspectos positivos que vale resgatar. Quanto mais vamos aos fundamentos do cristianismo, do judaísmo e do islamismo, mais encontramos a dimensão libertária, o cuidado com os pobres, o respeito para com todas as pessoas e a veneração para com a natureza.

Jesus louva a fé de um oficial romano, se enche de admiração com a fé de uma pagã siro-fenícia, acolhe gentilmente os gregos que queriam falar com ele e escandalosamente toma um herege, o samaritano, como arquétipo do amor desinteressado ao próximo. Poderíamos apresentar elementos semelhantes do islamismo e do judaísmo.

Na tradição ocidental herdamos um arquétipo de diálogo fraterno e fecundo entre cristianismo e islamismo. É a figura de São Francisco de Assis, que em 1216 foi ao Papa Inocêncio III para dissuadi-lo de empreender uma cruzada contra os muçulmanos. Francisco dizia diante do papa que a cruzada era contra a vontade de Deus. Afirmava também que os cristãos deveriam amar seus inimigos, e não guerrear contra eles. Não sendo atendido, ele mesmo vai a Damieta, no norte do Egito, onde cruzados estão combatendo, e lhes exorta à paz e ao diálogo com os seguidores de Maomé.

Ridicularizado e expulso, Francisco decide encontrar pessoalmente os muçulmanos. Rompe as fronteiras, é preso pelos soldados e levado diante do sultão Melek-el-Kamel. As fontes falam do diálogo respeitoso e fraterno que ambos mantiveram. Francisco foi bem tratado pelo sultão. Descobriu que ele não era "ferocíssimo infiel", conforme dramatizavam os cristãos, mas homem piedoso e reto. Surge então a amizade entre os dois, que permitiu posteriormente aos franciscanos ficarem nos lugares santos da Palestina, situação que perdura até os dias de hoje. Ao voltar à Itália, escandalizou a todos anunciando que devemos "muito amar a nossos amigos e irmãos muçulmanos".

No capítulo XVI de sua *Regra Não Bulada*, Francisco prescreve como os frades devem ir junto aos sarracenos (não diz *para*, mas *junto*, aos pés dos sarracenos). Em primeiro lugar, devem viver com eles o evangelho da fraternidade universal, que consiste em evitar discussões e rixas teológicas e simplesmente comportar-se como "menores", servindo a toda humana criatura. Somente depois, o que pode demorar anos, "se agradar a Deus", diz o Seráfico de Assis, "anunciem a Palavra de Deus". Eis o encontro respeitoso e gerador de paz.

O caminho franciscano para a paz e o diálogo inter-religioso se realiza em distintos passos:

1) Tomar a iniciativa e não esperar que os outros venham a nós.

2) Confiar nos outros porque são nossos irmãos.

3) Con-viver com eles no trabalho e inserir-se no mundo deles.

4) Colocar-se como menores e servidores e renunciar a qualquer pretensão de superioridade ou privilégio pelo fato de sermos cristãos.

5) Antes compreender que ser compreendido, amar que ser amado e fazendo-se sempre instrumento de paz.

6) Inserir tudo em uma atmosfera espiritual de oração. Antes de ir ao sultão, Francisco, segundo as fontes, "rezou para pedir coragem e confiança". Ao despedir-se do sultão, este pede a Francisco: "Reze por mim para que Deus me dê a fé e a lei que lhe sejam agradáveis".

7) Sempre ligar a paz dos homens com a paz de Deus para que esta seja duradoura e completa.

Com esse espírito perde sentido o clássico lema: "Se queres a paz, prepara a guerra". Mas faz todo sentido proclamarmos e vivermos: "se queres a paz prepara a paz". A paz se constrói com meios pacíficos como o encontro fraterno, o diálogo, a mútua acolhida e o respeito das diferenças, impedindo que estas diferenças sejam entendidas como desigualdades.

Então vale o que se diz na linguagem dos filhos de Abraão: *Shalom, Shala-melek* e *Pax et Bonum.*

13

O sufi islâmico Rumi, místico da paz e do amor

Ao lado da figura de São Francisco, da parte dos cristãos, existe, entre os muçulmanos, a figura de Rumi. Ambos viveram no mesmo tempo histórico, um na Itália e outro no Afeganistão e na Turquia. Embora nunca tivessem se encontrado, os dois são inspiradores de uma relação marcada não pela vontade de poder, mas pela vontade conviver, não pela indiferença, mas pelo amor.

Em 2008 se celebraram 800 anos de nascimento de Jalal ud-Din Rumi (1207-1273), o maior dos místicos islâmicos e extraordinário poeta do amor. Nasceu no Afeganistão, passou pelo Irã e viveu e morreu em Konia, na Turquia. Era um erudito professor de Teologia, zeloso nos exercícios espirituais.

Sua vida mudou quando se encontrou com a figura misteriosa e fascinante do monge errante Shams de Tabriz. Como se diz na tradição sufi, foi "um encontro entre dois oceanos". Este mestre misterioso iniciou Rumi na experiência mística do amor e obteve tão grande reconhecimento do discípulo que este lhe dedicou todo um livro com 3.230 versos: o *Divan de Shams de Tabriz* (*divan* significa coleção de poemas).

A efusão do amor em Rumi é tão avassaladora que abraça tudo, o universo, a natureza, as pessoas e principalmente Deus. No fundo se trata do único movimento do amor que não conhece divisões, mas enlaça todas as coisas em uma unidade última e radical tão bem expressa no poema *Eu sou Tu*: "Tu, que conheces Jalal ud-Din (nome de Rumi). Tu, o Um em tudo, diz quem sou. Diz: eu sou Tu". Ou o outro: "De mim não resta senão um nome, todo o resto é Ele". Famosa é sua afirmação: "Quem ama a Deus, não tem nenhuma religião, a não ser Deus mesmo".

Esta experiência de união amorosa foi tão inspiradora que levou Rumi a produzir uma obra de 40.000 versos. Famosos são o *Masnavi* (poemas de cunho reflexivo-teológico), *Rubai'yat* (Canção de amor por Deus) e o já citado *Divan de Tabriz*.

Próprio da experiência místico-amorosa é a embriaguez do amor que torna o místico um "louco de Deus", como no caso de São Francisco de Assis, Santa Teresa de Ávila, Santa Xênia da Rússia e também Rumi. Em um poema do *Rubai'yat* diz: "Hoje eu não estou ébrio, sou os milhares de ébrios da Terra. Eu estou louco e amo todos os loucos, hoje".

Como expressão desta loucura divina, Rumi inventou a *sama*, a dança extática. Trata-se de dançar girando em torno de si e ao redor de um eixo que representa o sol. Cada dervixe girante (assim se chamam os dançantes) se sente como um planeta girando ao redor do sol que é Deus.

Dificilmente na história da mística universal encontramos poemas de amor com tal imediatez, sensibilidade e paixão como aqueles escritos pelo islâmico Rumi. É como uma fuga de mil motivos que vão e vêm sem cessar. Num poema de *Rubai'yat* canta: "Tu, único sol, vem! Sem ti as flores murcham, vem! Sem ti o mundo não é senão pó e cinza. Este banquete e esta alegria, sem ti, são totalmente vazios, vem!"

Um dos mais belos poemas, por sua densidade amorosa, me parece ser este, tirado do *Rubai'yat*: "O teu amor veio até meu coração e partiu feliz. Depois retornou, vestiu a veste do amor, mas mais uma vez foi embora. Timidamente lhe supliquei que ficasse comigo ao menos por alguns dias. Ele se sentou junto a mim e se esqueceu de partir".

A mística desafia a razão analítica. Ela a ultrapassa porque expressa a dimensão do espírito, aquele momento em que o ser humano se descobre a si mesmo como parte de um Todo, como projeto infinito e mistério abissal inexprimível. Sobre esta realidade, o filósofo e matemático Ludwig Wittgenstein, na proposição VI de seu *Tractatus logico-philosophicus*, escreve: "O inexprimível se mostra, é o místico". E termina na proposição VII com esta frase lapidar: "Sobre o que não podemos falar, devemos calar". É o que fazem os místicos. Guardam o nobre silêncio ou então cantam, como fez Rumi, mas de um modo tal que a palavra nos conduz ao silêncio reverente.

Hoje Rumi é estudado e seguido no Ocidente e no Oriente. Constitui, junto com outros místicos e sábios da tradição muçulmana como Avicena, Maimônides, Averroóis e Ibn al'Arabi, uma ponte segura de encontro e diálogo na direção do mútuo reconhecimento e da convivência pacífica.

14

Terrorismo: a guerra dos fundamentalistas

Uma das consequências mais perversas de certo tipo de fundamentalismo é o terrorismo, que hoje constitui uma ameaça mundial. Nenhum país, nenhuma cidade nem mesmo nenhuma pessoa pode se sentir imune ao terrorismo. Ele possui um caráter político e substitui o diálogo, a negociação e o compromisso pelo recurso à violência para fazer valer o próprio ponto de vista.

Primeiro vejamos, sucintamente, a fenomenologia do terrorismo e depois procuremos conferir-lhe um quadro conceptual.

Tomemos, como exemplo, o terrorismo urbano da cidade do Rio de Janeiro, vastamente noticiado pelos meios de comunicação e que também tem acontecido em São Paulo. Durante horas, traficantes se assenhoram da cidade, impondo seus comandos e colocando sinais inequívocos de seu poder: atacando delegacias de polícia, matando policiais em serviço na rua, estourando portas de bancos com bombas, destruindo entradas de escolas, atirando aleatoriamente em cidadãos pacíficos que passam pela rua. Os chefões do tráfico alegam vingança contra o terror policial imposto às comunidades carentes e contra a corrupção generalizada da política.

Outras cenas, agora nos Estados Unidos: um árabe, em Nova York, pede informação a um policial e este o prende, imaginando ser um terrorista. Depois se verifica que se trata de um simples cidadão inocente. Um avião sai de Houston em direção a Dallas. Alguns passageiros imaginam que há homens armados a bordo. O alarme é acionado e caças de guerra F-16 começam a escoltar o avião que volta para Houston. Nada é encontrado.

Com frequência o governo do ex-presidente Bush alarmava a nação, anunciando a iminência de atentados. Alimentava com isso a paranoia generalizada.

Esta simples fenomenologia mostra a singularidade do terrorismo: a ocupação das mentes. Nas guerras e guerrilhas precisa-se ocupar o espaço físico para efetivamente garantir a vitória. No terror não. Basta ocupar as mentes, ativar o imaginário, internalizar o medo. Os norte-americanos ocuparam fisicamente o Afeganistão dos talibãs e estes ocuparam psicologicamente as mentes dos norte-americanos. Fizeram dos Estados Unidos, do governo ao simples cidadão, uma nação ocupada pelo medo.

Quem venceu? Certamente aquele que mantém o outro refém de sua estratégia. Portanto, quem domina as mentes, e não quem simplesmente conquista o espaço. A profecia de Osama Bin Laden, de 8 de outubro de 2002, infelizmente se realizou: "Os Estados Unidos nunca mais terão segurança, nunca mais terão paz".

Como desmontar este mecanismo aqui e lá fora? Interessa-nos, por ora, apenas captar a natureza do terror e sua eficácia. Não precisamos ler Camus ou o francês Georges Sorel (1847-1922), o teórico do terror, para sabermos como funciona. Basta observarmos o fenômeno atual. O terrorismo percorre os seguintes passos:

1) Os atos têm de ser espetaculares, caso contrário não causam comoção generalizada.

2) Os atos, apesar de odiados, devem provocar estupefação pela sagacidade empregada.

3) Os atos devem sugerir que foram minuciosamente preparados.

4) Os atos devem ser imprevistos para darem a impressão de serem incontroláveis.

5) Os atos devem ficar no anonimato dos autores, porque quanto maior o número de suspeitos, maior o medo.

6) Os atos devem provocar permanente medo.

7) Os atos devem distorcer a percepção da realidade: qualquer coisa diferente pode configurar o terror. Basta ver um árabe e já se imagina um terrorista ou um favelado mais bem vestido e já se projeta a imagem de um traficante real ou potencial.

Formalizemos: terrorismo é toda violência espetacular praticada com o propósito de ocupar as mentes de medo e pavor. O importante não é a violência em si, mas seu caráter espetacular, capaz de dominar as mentes de todos.

Recorrem ao terror grupos minoritários que descreem do caminho político, feito de diálogo, negociação e compromissos. O crime organizado, bem como o tráfico de drogas ou de armas, também faz uso dele para punir o sistema de repressão e desviar a atenção do público ou das forças de controle. Os Estados autoritários que não têm legitimidade usam e precisam do terror para se impor à população e desmantelar a oposição.

Para entender melhor o terrorismo precisamos situá-lo em um contexto mais amplo, levando-se em conta a crise de padrões de convivência social e o terror próprios de um império que entra em decadência e se aproxima de seu fim. É o que estamos presenciando com o ocaso do Império norte-americano.

O atual terror em Nova York, em Londres e Madri, bem como em outros lugares do mundo, nos faz lembrar a crise do Império Romano, descrita em detalhe pelos dois grandes historiadores E. Gibbon e T. Mommsen, que nos ajuda a entender a nossa situação atual. Segundo os dois estudiosos, aquela crise se deveu principalmente ao desmantelamento da ordem jurídico-religiosa-militar romana ocorrida ao longo de trezentos anos.

A consequência foi o terrorismo generalizado: assassinato dos imperadores, pirataria no mar e assaltos de bandoleiros nas estradas, o que dificultava o comércio, e liquidou a segurança das comunicações. Só muito mais tarde, os cristãos, por via pacífica, salvaram o Império, dando-lhe outra configuração.

Os piratas e bandoleiros de hoje são os terroristas. Eles revelam a crise do Império Ocidental, que se autodenominou de globalização. Trata-se de um império marcado por tantas contradições que não consegue, senão pela violência militar e pelo terror econômico, impôr sua ordem a todos.

Como já consideramos, a referida globalização produziu decepção e muita raiva, especialmente no mundo muçulmano. Este sabe que detém o sangue do sistema (o petróleo), mas que, apesar disso, não conta nada na sua configuração. Ademais, se sente discriminado e injustiçado, nomeadamente no conflito palestino/ israelense, diante do qual os Estados Unidos e o Ocidente assumiram uma posição unilateral em favor de Israel. Na União Europeia vivem 12% de muçulmanos, muitos ilegais. São explorados socialmente (ausência de garantias sociais), discriminados culturalmente (o véu na França) e desprezados religiosamente (na Itália de Berlusconi). Humilhados, buscam apoio nos líderes religiosos, na maioria fundamentalistas, e ficam expostos a grupos extremistas que os recrutam para suas estratégias.

Como existe uma globalização do sistema de segurança, primeiro financeira e depois militar, há também a globalização dos que se opõem a ele. Os fortes usam a guerra preventiva; os fracos, o terror. Eles são imbatíveis na medida em que aceitam morrer e se fazer homens-bomba. Contra um homem/mulher-bomba não há defesa possível.

Durante o governo Bush, o Império definiu uma estratégia compreensível, mas equivocada: ser também terrorista e pagar mal com mal, combatendo o terror com terror de Estado. Afortunadamente o novo Presidente dos Estados Unidos, Barack Obama, que sucedeu a Bush, inaugurou outra estratégia, a diplomática, do diálogo, da negociação e do ganha-ganha. Esta é a única que poderá dar certo, porque desarma os espíritos, afasta o medo e convoca todos à cooperação.

Desde 1960 foram perpetrados no mundo 137 atos terroristas de grande repercussão. Se o problema do terror é global, a solução deve ser no mesmo âmbito e passar pelo único organismo global que é a ONU. Lá devem se centralizar as estratégias globais, na base do respeito às diferenças culturais e do reconhecimento igualitário de cada um dos países membros. Aos países cabe dar segurança possível a seus cidadãos e reforçar as estratégias globais.

Todos devem trabalhar com um pé no campo do presente e com o outro no campo do futuro. No presente: a sociedade e o Estado, sofisticando mecanismos de segurança, mesmo com eficácia limitada. No futuro: colocando os elementos de uma nova ordem política mundial, plural e descentralizada, sem potências hegemônicas, mas com garantia para todos, de um mínimo de equidade na participação dos recursos escassos da Terra e dos bens da cultura humana.

É difícil para a atual ordem mundial (que é desordem para a maioria da humanidade) entender que o terrorismo é primeiramente consequência e só depois causa da insegurança atual. Mas se continuar arrogante e cego, o Ocidente vai ficar sem solução, sendo cada vez mais vítima do terror e, no termo, cada vez mais, como o disse Roger Garaudy, um acidente na nova história humana.

15
A violência: desafio radical

Ao abordarmos as questões do fundamentalismo e do terrorismo, surge de imediato a questão da violência na história humana e na vida das pessoas. Ela representa um verdadeiro problema metafísico, quer dizer, tem a ver com a compreensão do ser, do universo, da vida e da existência humana. Por que tanta violência? Por que ela é tão persistente? Por que os caminhos para a paz são tão cheios de escolhos e de pedras?

Abordemos, mesmo rapidamente, esta questão que iluminará o transfundo do fundamentalismo e do terrorismo.

Referindo-nos ao Brasil, onde há muita violência, estamos habituados a ouvir os mesmos argumentos, todos válidos, de que ela é fruto da injustiça e da exclusão social que estigmatizam a nossa história desde sua constituição colonial. As relações entre a casa grande e a senzala estão ainda atuantes, embora sob forma transfigurada, através das hierarquias sociais, da mentalidade clientelista, do menosprezo do povo em geral por parte das elites, da internalização do antigo senhor de escravos na mente da população afrodescendente, fazendo que estes não se sintam sujeitos e cidadãos plenos.

Mas devemos ir mais fundo. Temos que realisticamente partir desta ambiguidade fundamental: a realidade, por um lado, vem marcada por conflitos e tensões e, por outro, vem perpassada por ordem e paz. Nenhum destes lados consegue erradicar o outro. Mesclam-se e se mantêm em um equilíbrio difícil e dinâmico.

A arte consiste em manter a tensão buscando aquela convergência de energias que permita o surgimento da paz, fruto de instituições minimamente justas e includentes e ordenações sociais sadias, custodiadas por um Estado que zela pelo equilíbrio das tensões, usando, quando preciso, legitimamente da coerção. Se não houvesse essa busca do equilíbrio, possivelmente a socialidade seria impossível e os seres humanos ter-se-iam exterminado uns aos outros.

A paz resulta não da negação, mas da administração dos conflitos usando meios não conflitivos. Assim, na construção da paz, os interesses coletivos devem se sobrepor aos individuais, a multiculturalidade prevalecer sobre o etnocentrismo, a perspectiva global orientar a local.

Importa sermos realistas e sinceros. Há violência no mundo porque eu carrego violência dentro de mim na forma de raiva, inveja e ódio que devem ser sempre controlados.

A explicação da agressividade tem desafiado os pensadores mais argutos. Sigmund Freud parte da constatação de que existem duas pulsões básicas: uma que afirma a vida (*Eros*) e se expressa pelo amor, pela amizade e pela busca da paz, e outra que tensiona para a morte (*Thánatos*) com seus derivados psicológicos, como os ódios, as exclusões e a guerra.

Para Freud, a agressividade surge quando o instinto de morte é ativado por alguma ameaça que vem de fora. Alguém pode ameaçar o outro e querer tirar-lhe a vida. Então o ameaçado se antecipa e passa a agredir e eventualmente a eliminar quem o ameaça.

Outro pensador contemporâneo, o francês René Girard, construiu uma compreensão de violência que queremos expor com mais detalhe, pois é iluminadora. Ele parte da tradição filosófico-psicanalítica que afirma ser o desejo uma das forças mais estruturadoras do ser humano. Sua característica é ser ilimitado e orientado à totalidade dos objetos. Sendo o desejo indeterminado, o ser humano não sabe como desejar, e o aprende imitando o desejo dos outros (desejo mimético na linguagem de Girard).

Isso se vê claro na criança. Não obstante os muitos brinquedos que possua, o que mais ela quer é o brinquedo do outro. E aí surge a rivalidade com ele. Quer o brinquedo só para si, excluindo o outro. Ocorre que outros também concorrem com ela, desejando também o mesmo objeto. Origina-se daí um conflito de todos contra todos por causa do mesmo objeto.

Esse mecanismo, diz Girard, é paradigmático para toda sociedade. Supera-se a situação de rivalidade-exclusão quando todos se unem contra um, transformando-o em bode expiatório. Ele é feito culpado de querer só para si o objeto. Ao se unirem contra ele, afastando-o ou eliminando-o, esquecem a violência interna que grassa entre todos e passam a conviver com um mínimo de paz.

Com efeito, as sociedades vivem criando bodes expiatórios. Culpados são sempre os outros: o Estado, a polícia, os pobres, os fundamentalistas, os terroristas, os antiglobalização e por aí vai. Importa não esquecer que o bode expiatório oculta a violência subjacente, pois todos continuam rivalizando entre si. Por isso a sociedade goza de um equilíbrio frágil. De tempos em tempos, com ou sem bode expiatório explícito, a violência se manifesta especialmente naqueles que se sentem prejudicados e buscam compensações.

Esta tensão é bem expressa por Rubem Fonseca em seu livro *O cobrador*. Um jovem de classe média empobrecida, por força das circunstâncias, pratica atos ilícitos. Sente-se roubado pela sociedade dominante, e confessa:

> Estão me devendo colégio... Sanduíche de mortadela no botequim, sorvete, bola de futebol... Estão me devendo uma garota de vinte anos, cheia de dentes e perfume. Sempre tive uma missão e não sabia. Agora sei... Sei que se todo fodido [sic] fizesse como eu o mundo seria melhor e mais justo.

Aqui há a busca de uma solução individual para um problema social. Na medida em que permanece individual, não causa grande medo. Pelo contrário, os principais causadores da violência estrutural (as classes dominantes que controlam o ter, o saber e o ser) se sentem mais seguras quanto mais duramente se aplicam as leis contra os indivíduos marginais. Assim conseguem fazer esquecer que eles próprios são os principais responsáveis por uma situação permanente de violência.

Mais ainda, vivemos em um tipo de sociedade cujo eixo estruturador é a magnificação do consumo individualista. A publicidade apresenta os produtos como sacramentos produtores da graça da felicidade total. E enfatiza que alguém é mais alguém quando consome um produto exclusivo que os outros não têm, uma marca especial de tênis, um celular de última geração etc. Cria-se uma relação social violenta porque exclusiva. Enquanto perdurar esta lógica, prossegue o processo vitimatório.

Mas o desejo não é só concorrencial, diz Girard. Ele pode ser cooperativo. Todos se unem para compartilhar do mesmo objeto. De concorrentes se fazem aliados. Tal propósito supõe outro tipo de sociedade, mais cooperativa que competitiva, com democracia participativa, e não apenas delegatória ou representativa.

O caminho mais curto e seguro para tal propósito é a educação crítica, responsável, cuidadora, acessível a todos. Por ela as pessoas se civilizam, socializam valores e aprendem a não criar bodes expiatórios, mas a assumir elas mesmas a tarefa de controlar a dimensão demente e se empenham positivamente na construção de uma sociedade na qual todos possam caber. Desta forma então haverá mais paz que violência.

As contribuições dos antropólogos podem nos enriquecer na compreensão da agressividade que se traduz em violência. Eles nos asseguram que somos simultaneamente *sapiens* e *demens*, quer dizer, somos sapientes, portadores de inteligência e propósito, e dementes, fatores de excesso e de violência. Não somos assim por degeneração, mas por constituição evolucionária.

Somos seres com energias interiores orientadas para a generosidade, a colaboração e a benevolência. E ao mesmo tempo possuímos energias desagregadoras, capazes de ódio, guerra e morte. Somos seres trágicos porque comparecemos como a coexistência dos opostos: vida/morte, amor/ódio, paz/guerra.

Dada esta contradição, como construir a paz? A paz só triunfará na medida em que as pessoas e as coletividades se dispuserem a cultivar, como projeto de vida, a cooperação, a solidariedade e o amor. A cultura da paz depende da predominância destas positividades e da vigilância que as pessoas e as instituições mantiverem sobre a outra dimensão, sempre presente, de rivalidade, de egoísmo e de exclusão.

Esta estratégia merece um tratamento mais detalhado.

16
A construção continuada da paz

Como construir a paz a partir da realidade tão ambígua e complexa de sermos simultaneamente agentes de paz e de discórdia?

Antes de mais nada, precisamos superar o velho paradigma ainda dominante cujas raízes se encontram na cultura patriarcal imposta a partir da revolução do neolítico, há dez mil anos. Seu eixo estruturador é a vontade de poder-dominação.

Este poder tem como paradigma a conquista, como se pode perceber nas ações de Alexandre, o Grande, ou de Hernán Cortes, o conquistador e destruidor do México indígena. Trata-se de um projeto ambicioso e prometeico de conquistar o mundo inteiro, assujeitar povos e submeter a natureza. Este modelo não reconhece limites: penetrou no coração da matéria e invadiu até o espaço sagrado da vida. Ele é radicalmente antropocêntrico e lança o ser humano em guerra contra a natureza.

Não é de se admirar que, na sua volúpia conquistadora, tenha construído o princípio da autodestruição: montou uma máquina de morte capaz de destruir, por dezenas de formas diferentes, a si mesmo (esse é o seu caráter suicida!) e danificar seriamente a biosfera.

A vontade de poder-dominação patriarcal criou o exército, a guerra, a atual forma de Estado, a modernidade técnico-científica e a globalização. Sem freios, para onde nos levará? Seguramente não para o reino da liberdade, dos direitos, da cooperação e do respeito.

Então que paz podemos esperar?

A paz somente é possível como obra da justiça. Nenhuma sociedade terá futuro se permanecer construída sobre uma injustiça estrutural e histórica como a nossa. O básico da ideia da justiça é este princípio, que consiste em "verdadeira declaração de amor à humanidade": Para cada um de acordo com suas necessidades (físicas, psicológicas, culturais e espirituais) e de cada um segundo suas capacidades (físicas, intelectuais e morais). Neste sentido, a justiça pressupõe a igual dignidade de todos e a busca do bem comum, definido pelo Papa João XXIII em sua encíclica *Pacem in Terris* (1963) como "o conjunto das condições de vida social que consintam e favoreçam o desenvolvimento integral da personalidade humana".

Se não houver uma reconstrução das relações para que sejam mais justas, igualitárias e includentes, seremos condenados a conviver com conflitos e guerras. Esta paz exige reparações históricas e políticas compensatórias que os dominadores históricos se recusam a introduzir. Seu fundamento está na própria natureza do ser humano: se por um lado existe nele a vontade de poder, existe também a vontade de conviver. Ao lado do paradigma *Alexandre, o Grande*, existem os paradigmas *Francisco de Assis* e *Gandhi*, do cuidado e do espírito de irmandade universal com todos os seres do universo.

O ser humano pode ser cooperativo com seus semelhantes e torná-los aliados, amigos, irmãos e irmãs. Há culturas, ainda hoje existentes, para as quais é possível um trato humano e fraterno entre as pessoas e os cidadãos. As tensões e os conflitos naturais são resolvidos pelo diálogo, pela negociação e pela capacidade de cada um de assumir compromissos que o responsabilizam e o comprometem com todos os demais.

Dar primazia ao paradigma do cuidado, e manter o da conquista sob severa vigilância, torna possível a paz e a concórdia entre as pessoas, na sociedade mundial e com a Terra.

Desta forma então se realiza a paz, conforme aparece na bela definição da *Carta da Terra*, que considero a melhor já formulada até hoje: "A paz é a plenitude criada por relações corretas consigo mesmo, com outras pessoas, com outras culturas, com outras vidas, com a Terra e com o grande Todo do qual somos parte".

A paz é possível e necessária. Recusamo-nos a aceitar a solução resignada de Freud respondendo, em 1932, a uma consulta de Einstein sobre a possibilidade de evitarmos a guerra: "Esfaimados pensamos no moinho que tão lentamente mói que poderíamos morrer de fome antes de receber a farinha".

Acreditamos na paz possível sob duas condições:

1) Acolhermos a polaridade amor/ódio, opressão/libertação, caos/cosmos como pertencendo à condição humana, pois somos a unidade viva dos contrários.

2) Reforçarmos de tal maneira o polo luminoso desta contradição que ele possa manter sob controle, limitar e integrar o polo tenebroso.

Este é o caminho aberto pela sociedade civil mundial, preparado, há séculos, por aquele que foi talvez o "último cristão" e o "primeiro depois do Único", Francisco de Assis. Encontramo-lo na *Oração de São Francisco pela paz*, rezada sempre nos encontros de líderes religiosos do mundo inteiro, qual *credo* no qual todos se encontram.

Esta oração foi elaborada durante a Primeira Guerra Mundial, por um anônimo da Normandia, amante de São Francisco, de quem colheu o espírito e as principais palavras. Mas o fez de forma tão fiel e verdadeira que se transformou na oração do próprio São Francisco de Assis. A linguagem é religiosa, mas a mensagem é universal.

Não obstante seu enternecimento, chamando a todas as criaturas de irmãos e irmãs, Francisco de Assis não perde o sentido da realidade contraditória. Não se questiona por que é assim. Na sabedoria dos simples, intui que o mal não está aí para ser compreendido, mas para ser superado pelo bem, que a parte sã cura a parte doentia e que a luz integra as trevas na forma de sombra que pode ser benfazeja. É só nesta medida que o mal deixa de ser totalmente absurdo e entra, de alguma forma, no código de todas as coisas. Então Francisco inspira a seguinte oração:

Senhor, fazei-me instrumento de vossa paz;
Onde houver ódio, que eu leve o amor;
Onde houver ofensa, que eu leve o perdão;
Onde houver discórdia, que eu leve a união;
Onde houver dúvida, que eu leve a fé;
Onde houver erro, que eu leve a verdade;
Onde houver desespero, que eu leve a esperança;
Onde houver tristeza, que eu leve a alegria;
Onde houver trevas, que eu leve a luz.
Ó Mestre,
Fazei que eu procure mais consolar, que ser consolado;
Compreender, que ser compreendido;
Amar, que ser amado.
Pois é dando que se recebe,
É perdoando que se é perdoado,
E é morrendo que se vive para a vida eterna.

O efeito desta estratégia sapiencial é a paz, possível aos seres contraditórios que somos e a esta Terra conturbada. É pouca coisa, quase nada, mas representa a força que se esconde em cada semente, por menor que seja.

17

Incorporar o espírito de gentileza

Junto com a razão cordial e sensível, é fundamental hoje em dia resgatar também o espírito de gentileza. É a falta dele que provoca as violências de toda ordem, no fundo, o terrorismo e as guerras.

Blaise Pascal (1623-1662), gênio da matemática, inventor da máquina de calcular, filósofo e místico, percebeu, de golpe, a grande contradição dos tempos modernos que acabavam de se firmar: a desarticulação entre dois princípios denominados por ele de *esprit de géométrie* e *esprit de finesse*.

Espírito de geometria representa a razão calculatória, instrumental-analítica, que se ocupa das coisas, em uma palavra, a ciência moderna, que com seu poder mudou a face da Terra.

Espírito de finura, que nós traduzimos por espírito de *gentileza*, representa a razão cordial – *logique du coeur* (a lógica do coração), segundo o próprio Pascal – que tem a ver com as pessoas e as relações sociais, com outro tipo de ciência que cuida da subjetividade, do sentido da vida, da ética, da espiritualidade e da qualidade das relações humanas.

Ambas as razões são necessárias para darmos conta da existência. Que faríamos hoje sem a ciência? E também o que seríamos sem a ética, sem os caminhos espirituais e a psicologia? O drama da modernidade consiste na desarticulação destas duas razões imprescindíveis. De início elas se combateram mutuamente, depois marcharam paralelas e hoje buscam convergências na diversidade, no esforço, ainda que tardio, de salvar o ser humano e a integridade da natureza.

O fato é que o espírito de geometria foi inflacionado; com ele criamos o mundo dos artefatos, bons e perversos, desde a geladeira até a bomba atômica. O espírito de gentileza nunca ganhou centralidade, por isso somos tão vazios e violentos. Hoje ele é urgente. Ou seremos gentis e cuidantes ou nos entredevoraremos.

Por que escrevo tudo isso? Por causa da violência generalizada no mundo de hoje. Tomemos como exemplo a cidade do Rio de Janeiro. Ela foi uma das mais ridentes da Terra. O esplendor da natureza havia celebrado um casamento feliz com a cordialidade das pessoas. Perdemos a cordialidade e a natureza não é mais a mesma. Ela está lá, mas não nos dá mais alegria porque nossos olhos se turvaram pelo quadro da violência dos traficantes de drogas e dos assaltantes de casas e de rua. Nosso coração dispara de medo e de desconfiança.

Precisamos resgatar o cuidado, a confiança e a gentileza.

Houve um homem enviado por Deus ao Rio de Janeiro. Seu nome era José da Trino, chamado de Profeta Gentileza (1917-1996). Era uma figura singular, de cabelos longos, barbas brancas, vestindo uma bata alvíssima com apliques cheios de mensagens. Na mão, trazia um estandarte com muitos dizeres em vermelho, e a partir dos inícios de 1970, até a sua morte em 1996, passou a percorrer toda a cidade, viajando nas barcas Rio-Niterói, entrando nos trens e ônibus para fazer a sua pregação.

A partir de 1980, encheu as 55 pilastras do viaduto do Caju, perto da Rodoviária Novo Rio, com inscrições em verde e amarelo propondo sua crítica do mundo e sua alternativa ao mal-estar de nossa civilização. Não era louco como parecia, mas um profeta da têmpera dos profetas bíblicos como Amós ou Oseias.

Como todo profeta, ele também sentiu um chamamento divino que veio através de um acontecimento de grande densidade trágica: o incêndio do circo norte-americano em Niterói no dia 17 de dezembro de 1961, no qual foram calcinadas cerca de 400 pessoas.

Era um pequeno empresário de transporte de cargas em Guadalupe, bairro da Zona Norte do Rio. De repente sentiu-se chamado para ser o consolador das famílias destas vítimas. Deixou tudo para trás, tomou um de seus caminhões e colocou sobre ele duas pipas com cem litros de vinho, e lá junto às barcas em Niterói distribuía a bebida em pequenos copos de plástico dizendo: "Quem quiser tomar vinho não precisa pagar nada, é só pedir *por gentileza*, é só dizer *agradecido*".

José da Trino começou a se autodenominar de José Agradecido ou Profeta Gentileza. Interpretou a queima do circo como uma metáfora da queima do mundo, que também estaria organizado na forma de um circo pelo "capeta-capital... que vende tudo, destrói tudo, destruindo a própria humanidade". Segundo ele, as pessoas deveriam construir outro mundo a partir da gentileza, o que ele fez em pequena escala, transformando o local em um belíssimo jardim, chamado "Paraíso Gentileza".

O quarto aplique de sua bata dizia: "Gentileza é o remédio de todos os males, amor e liberdade". E fundamentava assim: "Deus-Pai é Gentileza que gera o Filho por Gentileza...Por isso, gentileza gera gentileza". Ensinava com insistência: em lugar de *muito obrigado* devemos dizer *agradecido* e ao invés de *por favor* devemos usar *por gentileza*, porque ninguém é obrigado a nada e devemos ser gentis uns para com os outros e nos relacionar por amor, e não por favor. Não é exatamente disso que o mundo está precisando?

Durante a Eco-92, o Profeta Gentileza colocava-se estrategicamente no lugar por onde passavam os representantes dos povos e incitava-os a viver a Gentileza e a aplicar gentileza em toda a Terra.

A crítica da modernidade não é monopólio dos mestres do pensamento acadêmico, como Freud com seu *O mal-estar da civilização*, ou a Escola de Frankfurt, com Horkheimer e seu *O eclipse da razão*, e com Habermas e sua obra *Conhecimento e interesse*, ou mesmo toda a produção filosófica do Heidegger tardio. O Profeta Gentileza, representante do pensamento popular e cordial, chegou à mesma conclusão que aqueles mestres. Mas foi mais certeiro que eles ao propor a alternativa: a gentileza como irradiação do cuidado e da ternura essencial. Este paradigma tem mais chance de nos humanizar do que aquele que ardeu no circo de Niterói: o espírito de geometria, o saber como poder e o poder como dominação sobre os outros e a natureza.

O Profeta Gentileza morreu em 1996. Sua memória é mantida na população da cidade do Rio de Janeiro. Foi celebrado por artistas e cantores. Há os que o veem como copatrono da cidade, ao lado de São Sebastião, que é um santo guerreiro. Precisamos de um santo pacífico como o Profeta Gentileza. Ele representa o novo paradigma de paz e de harmonia de todos entre si, com a natureza, com o universo e com Deus.

18
Resgatar a dimensão do coração

Não basta a paz entre os seres humanos, pois também estamos em guerra contra Gaia, nossa Mãe Terra. Necessitamos urgentemente renovar uma aliança de paz perene com ela se quisermos sobreviver ao aquecimento global e às dizimações que ocorrerão.

Para isso precisamos mais que a razão. É urgente completá-la com a inteligência emocional, sensível, cordial e espiritual. Pois são tais formas de uso da razão que permitem a construção continuada da paz. Não basta ciência, precisamos de consciência. Bem dizia Galileu Galilei ainda no século XVI: "A ciência nos ensina como funciona o céu, mas não nos ensina como se vai ao céu".

Da mesma forma, a ciência nos indica como funcionam as coisas, mas por si mesma não tem condições de nos dizer se elas são boas ou ruins. Para isso temos que recorrer a critérios éticos aos quais a própria prática científica está submetida. Até que ponto soluções apenas técnicas equilibram a Gaia de modo que ela possa continuar a nos querer sobre ela e ainda garantir os suprimentos vitais para os demais seres vivos? Será que ela vai identificar e assimilar as intervenções que temos feito nela ou as rejeitará?

As intervenções técnicas têm que se adequar a um novo paradigma de produção menos agressivo, de distribuição mais equitativa, de um consumo responsável e solidário, de uma absorção dos dejetos para que não danifiquem os ecossistemas. Para isso precisamos resgatar uma dimensão profundamente descurada pela modernidade: a razão cordial e sensível. A modernidade se construiu sobre a razão analítica e instrumental, a tecnociência, que buscava como método o distanciamento mais severo possível entre o sujeito e o objeto. Tudo que vinha do sujeito, como emoções, afetos, sensibilidade, em uma palavra, o *pathos,* obscurecia o olhar analítico sobre o objeto. Tais dimensões deveriam ser postas sob suspeição, sendo controladas e até recalcadas.

Ocorre que a própria ciência superou esta posição reducionista, seja pela mecânica quântica de Bohr/Heisenberg, seja pela biologia *à la* Maturana/Varela ou seja por fim pela tradição psicanalítica, reforçada pela filosofia da existência (Heidegger, Sartre e outros). Estas correntes evidenciaram o envolvimento inevitável do sujeito com o objeto. Objetividade total é uma ilusão, pois no conhecimento há sempre interesses do sujeito. Mais ainda, nos convenceram de que a estrutura de base do ser humano não é a razão, mas o afeto e a sensibilidade.

Daniel Goleman, com seu texto *Inteligência emocional*, trouxe a prova empírica de que a emoção precede a razão. Isto se torna mais compreensível se pensarmos que nós humanos não somos simplesmente *animais racionais*, mas *mamíferos racionais*. Quando há 125 milhões de anos surgiram os mamíferos, irrompeu o cérebro límbico, responsável pelo afeto, pelo cuidado e pela amorização. A mãe concebe e carrega dentro de si a cria e, depois de nascida, a cerca de cuidados e de afagos. Somente nos últimos 3-4 milhões de anos surgiu o neocortex e com ele a razão abstrata, o conceito e a linguagem racional.

O grande desafio atual é conferir centralidade ao que é mais ancestral em nós, o afeto e a sensibilidade, ou seja, importa resgatar o coração. Nele está o nosso centro, nossa capacidade de sentir em profundidade, a sede dos afetos e o nicho dos valores. Com isto não desbancamos a razão, mas a incorporamos como imprescindível para o discernimento e a priorização dos afetos, sem substituí-los. Hoje, se não aprendermos a sentir a Terra como Gaia, não a amarmos como amamos nossa mãe e não cuidarmos dela como cuidamos de nossos filhos e filhas, dificilmente a salvaremos. Sem a sensibilidade, a operação da tecnociência será insuficiente. Mas uma ciência com consciência e com sentido ético pode encontrar saídas libertadoras para nossa crise que inaugurarão um novo padrão de convivência do ser humano com todos os seus semelhantes e com a Terra.

19
Que provável futuro nos espera?

Apesar das mudanças paradigmáticas que estão em curso e que apontam para um salto de qualidade rumo a um patamar civilizatório mais alto, precisamos ser realistas e tomar a sério os estertores do velho sistema. Ele está agonizante, mas não morto. Daí vale ainda a pergunta: que futuro, nos próximos anos, nos espera?

Muitos analistas fazem prognósticos sombrios sobre o futuro que nos aguarda, como James Lovelock, Martin Rees, Samuel P. Huntington, Jacques Attali e outros. É certo que a história não tem leis, pois ela se move no reino das probabilidades e das liberdades que estão submetidas ao princípio de indeterminação e incerteza de Bohr/Heisenberg, e das surpreendentes emergências, próprias do processo evolucionário.

No entanto, um olhar de longo prazo nos permite constatar constantes que podem nos ajudar a entender, por exemplo, o surgimento, a floração e a queda dos impérios e de inteiras civilizações. Quem se detém mais acuradamente sobre esta questão foi o historiador inglês Arnold Toynbee († 1976), o último a escrever dez tomos sobre as civilizações historicamente conhecidas: *A Study of History*. Aí ele maneja uma categoria-chave, verdadeira constante sócio-histórica, que traz alguma luz ao tema em tela. Trata-se da correlação desafio-resposta (*challenge-response*).

Ele assinala que uma civilização se mantém e se renova na medida em que consegue equilibrar o potencial de desafios com o potencial de respostas que ela lhes pode dar. Quando os desafios são de tal monta que ultrapassam a capacidade de resposta, a civilização começa seu ocaso, entra em crise até desaparecer.

Estimo que nos confrontamos atualmente com semelhante fenômeno, principalmente após a estouro da bolha econômico-financeira de 2008 que revelou a insustentabilidade da ordem econômica mundial. Ela revelou uma crise do paradigma elaborado no Ocidente e difundido por todo o globo. Está dando água por todos os lados. Os desafios (*challenges*) globais (especialmente os de natureza econômico-financeira, ecológica, energética, alimentar e populacional) são de tal gravidade que perdemos a capacidade de lhes dar uma resposta (*response*) coletiva e includente. Sendo assim, este tipo de civilização vai se dissolver como tantas outras no passado. Mais que uma crise, estamos vivendo um processo de emergência de um novo paradigma civilizacional.

O que vem depois deste tipo de mundo imperante já há séculos?

Esta é a grande pergunta. Na verdade, não há respostas consistentes. Somente conjeturas. O conhecido historiador Eric Hobsbawn vaticina: Ou ingressamos em um outro paradigma ou vamos ao encontro da escuridão.

Quero me deter nos prognósticos que Jacques Attali, economista, ex-assessor de F. Mitterand e pensador francês, apresenta em seu livro *Uma breve história do futuro* (2008), pois me parecem verossímeis, embora dramáticos. Ele pinta três cenários prováveis que resumirei brevemente.

O primeiro é o do *superimpério*, representado pelos Estados Unidos e seus aliados. Eles conferem um rosto ocidental à globalização e lhe imprimem uma direção que atende a seus interesses. Sua força é de toda ordem, mas principalmente militar: podem exterminar toda a espécie humana. Somente os Estados Unidos possuem 700 bases militares distribuídas em todas as partes do mundo, munidas com armas de destruição em massa e com 500 mil soldados servindo fora do país. Apesar de todo este potencial de destruição, este modelo não consegue evitar sua lenta decadência. As contradições internas não mais manejáveis se mostraram inexoravelmente na crise econômico-financeira de 2008, irrompida exatamente nos Estados Unidos, nação central do sistema-mundo. Daí se difundiu para o resto do mundo, atingindo fortemente a Europa e o Japão.

O segundo é o do *superconflito*. É o que segue à quebra da ordem imperial. Entra-se em processo coletivo de caos (não necessariamene generativo). A globalização continua, mas predomina a balcanização com domínios regionais que podem gerar conflitos de grande devastação. A anomia internacional abre espaço para que surjam grupos de piratas e corsários, como os que surgiram, por primeiro, no mar da Somália a partir de 2008. Cruzando os ares e os oceanos, saqueando petroleiros, grande navios e empresas de grande porte, estes novos atores sociais podem estar gestando um clima de insegurança global. Não seria uma surpresa se estas forças, enriquecidas com milhões de dólares de seus assaltos, viessem a ter, eventualmente, acesso a armas de destruição em massa e, no limite, ameaçar a espécie humana. Esta situação extrema clama por uma solução também extrema.

O terceiro cenário é o da *superdemocracia*. A humanidade, se não quiser se autodestruir, deverá elaborar um contrato social mundial com a criação de instâncias de governabilidade global, com mecanismos de defesa e com a gestão coletiva e equitativa dos escassos recursos da natureza. Se ela triunfar, inaugurar-se-á uma etapa nova da civilização humana, possivelmente com menor conflitividade e mais cooperação.

Só nos resta rezar para que este último cenário se realize. Ele estaria dentro da lógica do processo ascendente da evolução que busca ordens mais complexas, mais altas e portadoras de níveis mais elevados de consciência e de espírito. A espécie humana é a ponta de lança desta dinâmica universal, o lugar onde ela pode ser observada para além de todas as contradições e avatares que pertencem também à evolução.

Conclusão

O próximo passo: capital espiritual

Depois de tudo o que refletimos sobre o fundamentalismo, o terrorismo, os cenários dramáticos acerca da situação da Terra e as chances para a paz, uma última pergunta ainda nos assalta: Qual será o próximo passo?

Façamos algumas constatações: consolidou-se a aldeia global; ocupamos praticamente todo o espaço terrestre e exploramos o capital natural até os confins da matéria e da vida, com a utilização da razão instrumental-analítica; provocamos uma imensa crise civilizatória que se revela nas várias crises (climática, alimentária, energética, econômico-financeira, ética e espiritual).

A pergunta que se coloca agora é: Qual será o próximo passo? Mais do mesmo, na mesma direção?

Isto seria muito arriscado, pois o paradigma atual está assentado sobre o poder como dominação da natureza e dos seres humanos. Não devemos esquecer que ele criou a máquina de morte que pode destruir a todos nós e a vida de Gaia. Esse caminho parece ter se esgotado.

Do capital material temos que passar ao capital espiritual, pois este primeiro tem limites e se exaure. O espiritual, por sua vez, é infinito e inexaurível. Não há limites para o amor, a compaixão, o cuidado, a criatividade, realidades intangíveis e valores infinitos que perfazem o capital espiritual.

Este foi parcamente explorado por nós, mas ele pode representar a grande alternativa que supera a crise atual e inaugura um novo patamar civilizatório. A centralidade do capital espiritual reside na vida, na alegria, na relação inclusiva, no amor incondicional, na compaixão, no cuidado de nossa Casa comum e na capacidade de transcendência.

Não significa que tenhamos que dispensar a tecnociência e a produção econômica. Sem elas não atenderíamos às demandas humanas, mas elas não poderiam continuar sendo destruidoras da vida. Se no capital material a razão instrumental era o motor, no capital espiritual é a razão cordial e sensível que organiza a vida social e a produção. Na razão cordial estão radicados os valores e dela se alimenta a vida espiritual que produz as obras do espírito às quais nos referimos anteriormente: o amor, a solidariedade e a transcendência.

Se no tempo dos dinossauros houvesse um observador hipotético que se perguntasse pelo próximo passo da evolução, provavelmente diria: mais do mesmo, quer dizer, mais espécies de *dinos* ainda maiores e mais vorazes. No entanto, ele estaria enganado. Sequer imaginaria que de um pequeno mamífero que vivia na copa das árvores mais altas, alimentando-se de flores e de brotos e tremendo de medo de ser devorado pelos dinossauros, iria irromper, milhões de anos depois, algo absolutamente impensado: um ser de consciência e de inteligência – o ser humano – com uma qualidade totalmente diferente daquela dos dinossauros.

Não foi mais do mesmo. Houve uma ruptura, foi dado um passo diferente. Aconteceu a emergência de algo que já estava nas possibilidades do universo e que surgiu no momento em que se alcançaram níveis de maior complexidade, de conectividades mais intensas e de informações mais ordenadas. Por conta destes fatores, pôde surgir a vida consciente e inteligente. Surgiu o ser humano, homem e mulher.

Cremos que agora um outro passo pode ser o surgimento de um ser humano marcado pelo inexaurível capital espiritual, com o mundo do ser regendo o mundo do ter.

O próximo passo, então, seria exatamente este: descobrir o capital espiritual inesgotável e começar a organizar a vida, a produção, a sociedade e o cotidiano a partir dele. Então a economia estaria a serviço da vida e a vida se imbuiria dos valores da alegria e da autorrealização, uma verdadeira alternativa ao paradigma vigente.

Mas este passo não é mecânico. É voluntário. Quer dizer, ele é oferecido à nossa liberdade. Podemos acolhê-lo como podemos também recusá-lo. Mas mesmo recusado ele permanece como uma possibilidade sempre presente e pronta a irromper. Ele não se identifica com nenhuma religião. É algo anterior, que emerge das virtualidades da evolução consciente. Quem o acolher, viverá outro sentido de vida, vivenciará também um novo futuro. Os outros continuarão sofrendo os impasses do atual modo de ser e se perguntarão, angustiados, por seu próprio futuro e até sobre o eventual desaparecimento da espécie humana.

Foi Pierre Teilhard de Chardin que, ainda nos anos 30 do século XX, teve o sonho da irrupção da *noosfera*. *Noos* em grego significa a mente e o espírito totalmente abertos. A *noosfera* seria a irrupção da humanidade como espécie, da mente e do coração sincronizados e batendo em uníssono. Seria a etapa nova da antropogênese e também uma idade nova de Gaia.

Penso que a atual crise mundial pela qual passamos nos abre a possibilidade para a realização da *noosfera*. Dizem por aí que Jesus, Buda, Francisco de Assis, Rumi, Gandhi e tantos outros mestres do passado e do presente teriam, antecipadamente, dado já este passo.

Eles são nossas estrelas-guia, os alimentadores de nosso princípio-esperança e a garantia de que ainda temos futuro. As dores atuais não seriam estertores de uma civilização moribunda, mas sinais de um parto de um novo modo sustentável de viver e de habitar o nosso Planeta Terra. Seremos humanos, reconciliados conosco mesmos, com Mãe Terra e com a Última Realidade.

Como disse sugestivamente a pensadora dos novos paradigmas, Rose Marie Muraro: "Quando desistirmos de ser deuses, poderemos ser plenamente humanos, o que ainda não sabemos o que é, mas que já o tínhamos intuído desde sempre".

Livros de Leonardo Boff

1 – *O Evangelho do Cristo Cósmico*. Petrópolis: Vozes, 1971 [Esgotado – Reeditado pela Record (Rio de Janeiro), 2008].

2 – *Jesus Cristo libertador*. 20. ed. Petrópolis: Vozes, 2009.

3 – *Die Kirche als Sakrament im Horizont der Welterfahrung*. Paderborn: Verlag Bonifacius-Druckerei, 1972 [Esgotado].

4 – *A nossa ressurreição na morte*. 10. ed. Petrópolis: Vozes, 2004.

5 – *Vida para além da morte*. 24. ed. Petrópolis: Vozes, 2009.

6 – *O destino do homem e do mundo*. 11. ed. Petrópolis: Vozes, 2007.

7 – *Atualidade da experiência de Deus*. Petrópolis: Vozes, 1974 [Esgotado – Reeditado sob o título de *Experimentar Deus hoje* pela Verus (Campinas), 2002 (4. ed.)].

8 – *Os sacramentos da vida e a vida dos sacramentos*. 27. ed. Petrópolis: Vozes, 2009.

9 – *A vida religiosa e a Igreja no processo de libertação*. 2. ed. Petrópolis: Vozes/CNBB, 1975 [Esgotado].

10 – *Graça e experiência humana*. 6. ed. Petrópolis: Vozes, 2003.

11 – *Teologia ao cativeiro e da libertação*. Lisboa: Multinova, 1976 [Reeditado pela Vozes, 1998 (6. ed.)].

12 – *Natal:* a humanidade e a jovialidade de nosso Deus. 4. ed. Petrópolis: Vozes, 2003 [Reedição mod ficada, 2000 (7. ed.)].

13 – *Eclesiogênese* – As comunidades reinventam a Igreja. 3. ed. Petrópolis: Vozes, 1977 [Reeditado pela Record (Rio de Janeiro), 2008].

14 – *Paixão de Cristo, paixão do mundo*. 6. ed. Petrópolis: Vozes, 2007.

15 – *A fé na periferia do mundo*. 5. ed. Petrópolis: Vozes, 1991 [Esgotado].

16 – *Via-sacra da justiça*. 4. ed. Petrópolis: Vozes, 1978 [Esgotado].

17 – *O rosto materno de Deus*. 10. ed. Petrópolis: Vozes, 2008.

18 – O *Pai-nosso* – A oração da libertação integral. 12. ed. Petrópolis: Vozes, 2009.

19 – *Da libertação* – O teológico das libertações sócio-históricas. 4. ed. Petrópolis: Vozes, 1976 [Esgotado].

20 – *O caminhar da Igreja com os oprimidos.* Rio de Janeiro: Codecri, 1980 [Esgotado – Reeditado pela Vozes (Petrópolis), 1998 (2. ed.)].

21 – *A Ave-Maria* – O feminino e o Espírito Santo. 9. ed. Petrópolis: Vozes, 2009.

22 – *Libertar para a comunhão e participação.* Rio de Janeiro: CRB, 1980 [Esgotado].

23 – *Igreja carisma e poder.* Petrópolis: Vozes, 1981 [Reedição ampliada pela Ática (Rio de Janeiro), 1994 e pela Record (Rio de Janeiro), 2005].

24 – *Vida segundo o Espírito.* Petrópolis: Vozes, 1981 [Reedição modificada pela Verus (Campinas), 2002, sob o título de *Crise, oportunidade de crescimento* (3. ed.)].

25 – *Francisco de Assis* – Ternura e vigor. 11. ed. Petrópolis: Vozes, 2007.

26 – *Via-sacra da ressurreição.* Petrópolis: Vozes, 1982 [Reedição pela Verus (Campinas), 2003, sob o título de *Via-sacra para quem quer viver* (2. ed.)].

27 – *Mestre Eckhart:* a mística do ser e do não ter. Petrópolis: Vozes, 2006 [Reedição sob o título de *O livro da Divina Consolação* (6. ed.)].

28 – *Do lugar do pobre.* 3. ed. Petrópolis: Vozes, 1984 [Reedição pela Verus (Campinas), 2003, sob o título de *Ética e eco-espiritualidade* (2. ed.) e *Novas formas da Igreja:* o futuro de um povo a caminho (2. ed.)].

29 – *Teologia à escuta do povo.* Petrópolis: Vozes, 1984 [Esgotado].

30 – *Como pregar a cruz hoje numa sociedade de crucificados*. Petrópolis: Vozes, 1984 [Reedição pela Verus (Campinas), 2004, sob o título de *A cruz nossa de cada dia* (2. ed.)].

31 – *Teologia da libertação no debate atual*. Petrópolis: Vozes, 1985 [Esgotado].

32 – *Francisco de Assis*. Homem do paraíso. 4. ed. Petrópolis: Vozes, 1999.

33 – *A trindade, a sociedade e a libertação*. 5. ed. Petrópolis: Vozes, 1999.

34 – *E a Igreja se fez povo*. Petrópolis: Vozes, 1986 [Reedição pela Verus (Campinas), 2004, sob o título de *Ética e eco-espiritualidade* (2. ed.), e *Novas formas da Igreja:* o futuro de um povo a caminho (2. ed.)].

35 – *Como fazer Teologia da Libertação?* 9. ed. Petrópolis: Vozes, 2007.

36 – *Die befreiende Botschaft*. Freiburg: Herder, 1987.

37 – *A Santíssima Trindade é a melhor comunidade*. 10. ed. Petrópolis: Vozes, 2008.

38 – *Nova evangelização:* a perspectiva dos pobres. 4. ed. Petrópolis: Vozes, 1991 [Esgotado].

39 – *La misión del teólogo en la Iglesia*. Estella: Verbo Divino, 1991.

40 – *Seleção de textos espirituais*. Petrópolis: Vozes, 1991 [Esgotado].

41 – *Seleção de textos militantes*. Petrópolis: Vozes, 1991 [Esgotado].

42 – *Con la libertad del Evangelio.* Madri: Nueva Utopia, 1991.

43 – *América Latina:* da conquista à nova evangelização. São Paulo: Ática, 1992.

44 – *Ecologia, mundialização e espiritualidade.* 2. ed. São Paulo: Ática, 1993 [Reedição pela Record (Rio de Janeiro), 2008].

45 – *Mística e espiritualidade* (com Frei Betto). 4. ed. Rio de Janeiro: Rocco, 1994 [Reedição revista e ampliada pela Garamond (Rio de Janeiro), 2005 (6. ed.)].

46 – *Nova era:* a emergência da consciência planetária. 2. ed. São Paulo: Ática, 1994 [Reedição pela Sextante (Rio de Janeiro), 2003, sob o título de *Civilização planetária:* desafios à sociedade e ao cristianismo].

47 – *Je m'explique.* Paris: Desclée de Brouwer, 1994.

48 – *Ecologia* – Grito da terra, grito dos pobres. 3. ed. São Paulo: Ática, 1995 [Reedição pela Sextante (Rio de Janeiro), 2004].

49 – *Princípio Terra* – A volta à Terra como pátria comum. São Paulo: Ática, 1995 [Esgotado].

50 – (org.) *Igreja:* entre norte e sul. São Paulo: Ática, 1995 [Esgotado].

51 – *A Teologia da Libertação:* balanços e perspectivas (com José Ramos Regidor e Clodovis Boff). São Paulo: Ática, 1996 [Esgotado].

52 – *Brasa sob cinzas.* 5. ed. Rio de Janeiro: Record, 1996.

53 – *A águia e a galinha*: uma metáfora da condição humana. 47. ed. Petrópolis: Vozes, 2009.

54 – *Espírito na saúde* (com Jean-Yves Leloup, Pierre Weil, Roberto Crema). 7. ed. Petrópolis: Vozes, 2008.

55 – *Os terapeutas do deserto* – De Fílon de Alexandria e Francisco de Assis a Graf Dürckheim (com Jean-Yves Leloup). 12. ed. Petrópolis: Vozes, 2009.

56 – O *despertar da águia*: o dia-bólico e o sim-bólico na construção da realidade. 21. ed. Petrópolis: Vozes 2009.

57 – *Das Prinzip Mitgefühl* – Texte für eine bessere Zukunft. Freiburg: Herder, 1998.

58 – *Saber cuidar* – Ética do humano, compaixão pela terra. 16. ed. Petrópolis: Vozes, 2009.

59 – *Ética da vida*. 3. ed. Brasília: Letraviva, 1999 [Reedição pela Sextante (Rio de Janeiro), 2005, e pela Record (Rio de Janeiro), 2009].

60 – *A oração de São Francisco:* uma mensagem de paz para o mundo atual. 9. ed. Rio de Janeiro: Sextante, 1999 [Reedição pela Vozes (Petrópolis), 2009].

61 – *Depois de 500 anos:* que Brasil queremos? 3. ed. Petrópolis: Vozes, 2003 [Esgotado].

62 – *Voz do arco-íris*, 2. ed. Brasília: Letraviva, 2000 [Reedição pela Sextante (Rio de Janeiro), 2004].

63 – *Tempo de transcendência* – O ser humano como um projeto infinito. 4. ed. Rio de Janeiro: Sextante, 2000 [Esgotado].

64 – *Ethos mundial* – Consenso mínimo entre os humanos. 2. ed. Brasília: Letraviva, 2000 [Reedição pela Sextante (Rio de Janeiro), 2003 (2. ed.)].

65 – *Espiritualidade* – Um caminho de transformação. 3. ed. Rio de Janeiro: Sextante, 2001.

66 – *Princípio de compaixão e cuidado* (em colaboração com Werner Müller). 4. ed. Petrópolis: Vozes, 2009.

67 – *Globalização:* desafios socioeconômicos, éticos e educativos. 3. ed. Petrópolis: Vozes, 2002 [Esgotado].

68 – *O casamento entre o céu e a terra* – Contos dos povos indígenas do Brasil. Rio de Janeiro: Salamandra, 2001.

69 – *Fundamentalismo:* a globalização e o futuro da humanidade. Rio de Janeiro: Sextante, 2002 [Esgotado].

70 – (com Rose Marie Muraro) *Feminino e masculino:* uma nova consciência para o encontro das diferenças. 5. ed. Rio de Janeiro: Sextante, 2002 [Esgotado].

71 – *Do iceberg à arca de Noé:* o nascimento de uma ética planetária. 2. ed. Rio de Janeiro: Garamond, 2002.

72 – (com Marco Antônio Miranda) *Terra América:* imagens. Rio de Janeiro: Sextante, 2003 [Esgotado].

73 – *Ética e moral:* a busca dos fundamentos. 4. ed. Petrópolis: Vozes, 2009.

74 – *O Senhor é meu Pastor:* consolo divino para o desamparo humano. 3. ed. Rio de Janeiro: Sextante, 2004 [Reedição pela Vozes (Petrópolis), 2009].

75 – *Responder florindo.* Rio de Janeiro: Garamond, 2004.

76 – São José – a personificação do Pai. 2. ed. Campinas: Verus, 2005.

77 – *Virtudes para um outro mundo possível* – Vol. I: Hospitalidade: direito e dever de todos. Petrópolis: Vozes, 2005.

78 – *Virtudes para um outro mundo possível* – Vol. II: Convivência, respeito e tolerância. Petrópolis: Vozes, 2006.

79 – *Virtudes para um outro mundo possível* – Vol. III: Comer e beber juntos e viver em paz. Petrópolis: Vozes, 2006.

80 – *A força da ternura* – Pensamentos para um mundo igualitário, solidário, pleno e amoroso. 3. ed. Rio de Janeiro: Sextante, 2006.

81 – *Ovo da esperança:* o sentido da Festa da Páscoa. Rio de Janeiro: Mar de Ideias, 2007.

82 – (com Lúcia Ribeiro) *Masculino, feminino:* experiências vividas. Rio de Janeiro: Record, 2007.

83 – *Sol da esperança* – Natal: histórias, poesias e símbolos. Rio de Janeiro: Mar de Ideias, 2007.

84 – *Homem:* satã ou anjo bom. Rio de Janeiro: Record, 2008.

85 – (com José Roberto Scolforo) *Mundo eucalipto*. Rio de Janeiro: Mar de Ideias, 2008.

86 – *Opção Terra*. Rio de Janeiro: Record, 2009.

87 – *Fundamentalismo, terrorismo, religião e paz.* Petrópolis: Vozes, 2009.

88 – *Meditação da luz.* Petrópolis: Vozes, 2009.

CULTURAL

Administração
Antropologia
Biografias
Comunicação
Dinâmicas e Jogos
Ecologia e Meio-Ambiente
Educação e Pedagogia
Filosofia
História
Letras e Literatura
Obras de referência
Política
Psicologia
Saúde e Nutrição
Serviço Social e Trabalho
Sociologia

CATEQUÉTICO PASTORAL

Catequese
Geral
Crisma
Primeira Eucaristia

Pastoral
Geral
Sacramental
Familiar
Social
Ensino Religioso Escolar

TEOLÓGICO ESPIRITUAL

Biografias
Devocionários
Espiritualidade e Mística
Espiritualidade Mariana
Franciscanismo
Autoconhecimento
Liturgia
Obras de referência
Sagrada Escritura e Livros Apócrifos

Teologia
Bíblica
Histórica
Prática
Sistemática

REVISTAS

Concilium
Estudos Bíblicos
Grande Sinal
REB (Revista Eclesiástica Brasileira)
RIBLA (Revista de Interpretação Bíblica Latino-Americana)
SEDOC (Serviço de Documentação)

VOZES NOBILIS

O novo segmento de publicações da Editora Vozes.

PRODUTOS SAZONAIS

Folhinha do Sagrado Coração de Jesus
Calendário de Mesa do Sagrado Coração de Jesus
Almanaque Santo Antônio
Agendinha
Diário Vozes
Meditações para o dia-a-dia
Guia do Dizimista

CADASTRE-SE
www.vozes.com.br

EDITORA VOZES LTDA.
Rua Frei Luís, 100 – Centro – Cep 25.689-900 – Petrópolis, RJ – Tel.: (24) 2233-9000 – Fax: (24) 2231-4676 –
E-mail: vendas@vozes.com.br

UNIDADES NO BRASIL: Aparecida, SP – Belo Horizonte, MG – Boa Vista, RR – Brasília, DF – Campinas, SP –
Campos dos Goytacazes, RJ – Cuiabá, MT – Curitiba, PR – Florianópolis, SC – Fortaleza, CE – Goiânia, GO –
Juiz de Fora, MG – Londrina, PR – Manaus, AM – Natal, RN – Petrópolis, RJ – Porto Alegre, RS – Recife, PE –
Rio de Janeiro, RJ – Salvador, BA – São Luís, MA – São Paulo, SP
UNIDADE NO EXTERIOR: Lisboa – Portugal